ATTRACTIONS MENTALES
Sean Taylor

Traduction : Vincent Hedan

DU MÊME AUTEUR

en français (disponible sur hedan.fr/sean) :

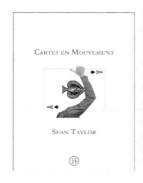

en anglais :

On Target

MindStorms

MindCoaster

Moving Cards

Selling the Show

Symbology Deck

The Dog Dangly Bits

Seven Deadly Things

Crazy Man's Marked Deck

Pineapple Surprise Redbacks

Tossed Out Deck (Anchors Ahoy)

No Fail Kid's Magic DVD (1, 2 & 3)

Titre original : *MindCoaster*

SOMMAIRE

INTRODUCTION

Mon premier livre de mentalisme s'intitulait *Influences mentales* et était sorti en 2008. Mon but était d'en vendre cinq cents exemplaires et je savais que ce serait difficile pour un auteur relativement peu connu. J'ai une bonne réputation dans mon pays et je suis connu pour avoir un répertoire fort et pratique, mais l'Australie peut sembler un peu isolée et éloignée quant il s'agit de vendre des livres. Je n'aurais pas dû m'inquiéter. Très vite, le bouche-à-oreille créa un intérêt pour mon livre et les géants de notre industrie se mirent à en faire l'éloge. Certains en public, et d'autres plus discrètement. Les commandes commencèrent à affluer et, en quelques jours, je vis apparaître les plus grands noms de la magie et du mentalisme dans ma liste de clients. Ce fut très flatteur.

Influences mentales déclencha une série de conférences aux États-Unis et en Nouvelle-Zélande, à Singapour, en Italie, et bien sûr en Australie (ma sixième tournée de conférence dans ce grand pays du Sud). Le livre fut traduit en italien par mes amis à Florence Art Edizioni ; il continue à bien se vendre (la version italienne est en deux volumes). Il a également été traduit en français et distribué par mon ami Vincent Hedan. Si j'avais plus de temps, j'aurais pu faire plus de conférences dans plus de villes, comme m'y ont encouragé de nombreux amis. J'ai le luxe d'être déjà trop occupé.

Je suis incroyablement satisfait de savoir que mon répertoire est utilisé par des artistes en conditions réelles dans le monde entier. Mon « Tossed out deck » (intitulé « Hoyez

hoyez »[1]) est présenté par de nombreux professionnels partout dans le monde ; je l'ai vu apparaître en conférence vidéo et dans des références publiées à plusieurs reprises. Ma version de « Survivor »[1] (le jeu d'élimination d'enveloppes conçu par Andi Gladwin) est utilisée par des dizaines de mentalistes en événementiel, y compris par deux des plus grands magiciens travaillant dans les salons d'entreprises américains. J'ai des vidéos de multiples magiciens, mentalistes et conférenciers motivateurs utilisant mon effet « Ananas surprise »[1] ; cette routine est passée à la télévision sur au moins quatre continents. Mon *chair test* « La salle du trône »[1] est devenu un accessoire à succès distribué par Wayne Rogers et continue à évoluer. Ma routine comique pour le classique « Banknight » (intitulée « Persuasion »[1]) fut modifiée par John Archer, lui permettant de passer à l'émission *Fool Us* de Penn & Teller et d'y gagner un passage dans leur spectacle à Las Vegas, ainsi qu'un million de vues sur YouTube. Ce fut très flatteur.

J'ai pris beaucoup de plaisir à écrire *Influences mentales*. En commençant ce projet, j'avais l'impression que toutes les informations que je voulais partager allaient me faire exploser. Tout le livre était composé dans mon esprit avant que je commence à écrire le moindre mot ; et mes pensées se transfèrent sur le papier avec une facilité assez déconcertante. La première partie du livre, où je voulais parler de toutes les facettes de l'industrie du mentalisme, eut beaucoup de succès auprès des magiciens et de ceux qui débutaient en mentalisme, ou même ceux qui (comme moi) flirtaient avec l'idée de devenir mentaliste professionnel. J'ai

---

[1] Sean Taylor, *Influences mentales*, trad. fr. Vincent Hedan, 2013. « Hoyez hoyez », p. 105. « Le survivant », p. 69. « Ananas surprise », p. 149. « La salle du trône », p. 132. « Persuasion », p. 81. (NDT)

vécu un voyage unique à travers chaque type de magie avant d'en arriver au mentalisme et ce fut un parcours difficile mais qui en valait la peine. J'ai emprunté de nombreuses idées et disciplines venant de mes multiples expériences magiques, ainsi que de mes autres intérêts et expériences professionnelles, afin de les appliquer au mentalisme. En conséquence, j'ai découvert que tous ces éléments avaient un rôle à jouer dans mon développement personnel en tant que mentaliste à plein temps. Je fus ravi d'entendre les retours de tant d'autres artistes à propos de mes suggestions. Un ami m'écrivit même pour m'annoncer qu'il avait acheté une nouvelle voiture après avoir lu mes conseils sur la façon de se présenter au client !

Comme un groupe de musique qui vient de signer avec une nouvelle maison de disque et qui a sorti un premier album à succès, j'ai commencé à me mettre la pression pour écrire un deuxième livre. J'ai fait un premier essai en un an ou deux et j'ai continué à le modifier quand j'avais le temps. Le problème, c'est que le premier livre avait créé un standard que je ne voulais pas compromettre. Je voulais que le répertoire soit développé au point d'être parfaitement commercial et pratique en conditions réelles ; mieux, je voulais avoir pensé à tous les soucis éventuels et avoir trouvé les solutions pour résoudre ces problèmes, ou au moins y avoir réfléchi sérieusement. Je voulais montrer au lecteur que je ne compilais pas simplement des idées à moitié avortées pour faire de l'argent facile ; je voulais partager des routines qui avaient fait leurs preuves dans mon répertoire professionnel. La difficulté, c'est que de nos jours je fais moins de spectacles. Ma vie de conférencier d'entreprise et de consultant professionnel m'a entraîné dans

11

une direction différente et je n'ai plus autant le temps de faire des spectacles. Mes interventions en entreprise contiennent toujours du mentalisme infaillible mais c'est souvent présenté comme une séquence courte pour illustrer une idée, pas comme un spectacle de quarante-cinq minutes. En conséquence, il m'a fallu huit ans pour atteindre un point où je pouvais mettre mon nom sur la couverture d'un livre réunissant mes créations.

J'ai aussi pris le temps de terminer *Selling the show*, un projet que j'avais promis depuis des années. Ce livre documente les techniques de vente que j'utilise depuis plus de trente-cinq ans pour ma carrière de mentaliste. Ce sont des techniques de vente connues, telles qu'elles sont présentées dans de nombreux cours de marketing et de négociation, mais je les ai adaptées à la magie et au mentalisme, grâce aux idées issues de mon expérience. Ceux qui ont lu ce livre et étudié mon approche se sont rendu compte de l'impact indéniable que cela a eu sur leur carrière. J'ai eu des retours excellents, y compris des exemples tangibles où des professionnels avaient augmenté leur revenu et obtenu des contrats qu'ils n'avaient pas osé démarcher auparavant. Les critiques furent très positives, entre autres de la part de professionnels aguerris qui confirmèrent les bénéfices apportés par mon livre. Et bien sûr, ceux qui ne l'avaient pas lu se firent un plaisir d'en dire du mal, dont un imbécile qui basa sa critique sur le fait que la couverture du livre utilisait un visuel venant d'une banque d'images. Après ça, j'ai arrêté d'aller sur les forums publics.

Attractions mentales est un livre différent. Il explore plusieurs effets qui ont été modifiés pour s'adapter au milieu d'entreprise ou aux groupes privés. Certaines routines demandent un peu plus de préparation donc elles plairont à ceux qui prennent leur temps, plutôt qu'à ceux qui dégainent leur jeu de cartes ou leurs petits papiers pliés instantanément. Et bien sûr, tous mes effets sont toujours conçus pour créer un divertissement amusant grâce au mentalisme. Si vous aimez les choses obscures, profondes et bizarres, ce livre n'est peut-être pas pour vous.

« PsyConfabuleux » et « Magazine gonflé à bloc » étaient déjà sortis en DVD[2] (pour satisfaire l'appétit vorace pour ce genre de choses) ; ils sont décrits ici dans une version revue et augmentée ; tous deux font partie de mon répertoire professionnel régulier. « Gigogne mentale », « Loto mental » et « Coup de chance » sont des effets amusants qui font également partie de mon répertoire commercial. Le livre contient également plusieurs effets rapides et à fort impact ; je les utilise lors de sessions nocturnes, ou quand je rencontre un client, ou quand je fais du mentalisme en déambulatoire. Le reste du livre décrit des techniques et des idées qui peuvent remplacer et améliorer celles que vous utilisez déjà. Tout a été testé en conditions réelles et développé sur le terrain ; il ne vous reste plus qu'à adapter ce répertoire à votre propre personnalité, votre propre style et vos propres publics.

---

[2] Sous les titres « PsyConfabulous » et « Fully loadad magazine ». (NDT)

Attractions mentales est un titre que comprendront ceux qui me connaissent bien. Il évoque mon désir que chaque spectacle soit une montagne russe, une attraction divertissant le public. Cela commence doucement, on monte au sommet en établissant la prémisse, le personnage se développe puis, après une courte pause, ça décolle dans toutes les directions, avec des hauts et des bas, des pics et des descentes, des cris, des rires et des moments de calme pour reprendre vote souffle. Parfois, vous ne saurez pas trop ce qui vous attend ; d'autres fois, vous voyez où vous vous dirigez et ce que vous allez percuter, pour découvrir qu'en fait le wagon prend un brusque virage juste avant l'impact.

J'ai utilisé le même programme de base depuis des années et il a rarement changé. Cependant, aujourd'hui j'aime improviser un peu et utiliser différents effets comme des blocs de construction pour former mon spectacle. Entre les effets d'*Influences mentales* et ceux que vous découvrirez dans ce livre, vous avez environ quarante blocs de construction. En ajoutant quelques classiques connus en mentalisme ainsi qu'une ou deux merveilles électroniques, j'obtiens un large éventail d'effets efficaces, ce qui me permet de concevoir un spectacle pour presque n'importe quelles conditions.

J'adore les publications de Jim Steinmeyer, en particulier sa façon de développer ses idées pour chaque effet, offrant ainsi un aperçu de son processus créatif. Steinmeyer inclut souvent de nombreuses informations sur l'historique de chacune de ses créations, y compris ses influences et les différentes décisions qu'il a prises. Ce style reflète parfaitement mes propres tentatives quand j'essaye de trouver l'approche la plus appropriée pour moi et les effets que je décris ici. Son livre *Conjuring anthology* est d'ailleurs devenu un de mes préférés ; c'est une chronique des centaines de contributions qu'il a partagées dans *Magic magazine*. J'espère que mes apartés à propos de la genèse de tel ou tel effet vous permettront d'imaginer vos propres routines et d'adapter mes idées à vos besoins.

J'ai toujours vu la magie comme un problème à résoudre, et je n'ai pas honte de reprendre des effets classiques dans ce livre. La plupart des effets de mentalisme n'ont aucun sens à mes yeux. Les incohérences dans les intrigues et les prémisses semblent trop souvent venir du fait que la magie existe parce qu'une méthode PEUT être utilisée, plutôt que de DEVOIR être utilisée. Vernon disait que les magiciens s'arrêtaient de penser trop tôt ; c'est vrai aussi pour les effets classiques.

Je dois aussi mentionner les amis qui m'ont toujours soutenu dans mes projets. Bien que mon nom soit sur la couverture, mes créations sont souvent le résultat de conversations interminables que j'ai eues avec eux à propos d'effets, ou d'idées, ou de suggestions qu'ils ont contribuées au fil du temps. En particulier, je dois remercier mes amis australiens, les professionnels et mes « éminences grises » : Nick Morton, Richard Paddon et David Jones. Mes amis internationaux (via Skype) Vincent Hedan et Marco Fida. Mon ami et frère spirituel Tony Bushell, qui a relu la version anglophone. Frank Mullane et Chris Murphy ne se produisent plus professionnellement mais ils sont toujours de bons conseils, grâce à leurs retours constructifs et honnêtes. (Parfois TROP honnêtes, mais comme je leur disais la dernière fois : quoi demander de plus ?)

J'espère sincèrement que vous trouverez des effets qui vous plairont dans ce livre. J'espère aussi qu'il saura vous inspirer à revisiter certaines des routines que vous aviez du mal à faire fonctionner. Certaines choses peuvent sembler idéales à un certain moment, puis présentent de petits problèmes qui vous ont empêché de les exploiter au mieux. Un des effets de ce livre m'a demandé plus de trente ans avant que je le résolve ; ces deux dernières années, j'ai finalement trouvé la solution et cet effet fait maintenant partie de tous mes spectacles. N'abandonnez pas.

Accrochez votre ceinture et amusez-vous bien.

Sean Taylor,
Avril 2016.

ESSAIS

L'OPPORTUNISTE

Certaines soirées sont meilleures que d'autres. En tant que professionnel, vous savez que vous aurez des bonnes soirées et des mauvaises, car il y a tellement de variables pouvant affecter la prestation. Trop pour essayer de les résumer en un seul essai. Ce dont je veux parler ici, ce sont les soirées dingues où le public (entier ou partiel) assiste à quelque chose de vraiment incroyable. Je ne parle pas juste de vous présentant correctement un effet incroyable faisant partie de votre répertoire habituel. Je parle d'une opportunité complètement folle, unique et inexplicable pour le public. Si vous en aviez été le spectateur, vous auriez halluciné aussi. En tant que mentalistes, nous connaissons et aimons ce genre d'effets, par exemple quand ils sont présentés par Derren Brown. En général, notre explication habituelle est qu'il utilise une forme de *preshow*. Aucune autre explication ne semble possible. (En réalité, la magie et le mentalisme à la télévision offrent de nombreuses autres solutions.)

J'adore le *preshow* et, utilisé par parcimonie, je pense que cet outil peut améliorer l'impact de votre spectacle de façon drastique. Je sais que vous êtes nombreux à craindre le *preshow*, peut-être parce que cela s'est mal passé pour vous, ou parce que vous travaillez dans des lieux qui ne se prêtent pas à cette technique. Pas de souci. C'est votre décision et personne n'a le droit de vous dire que vous avez tort. Il est important d'être à l'aise avec vos outils.

Ce dont je veux parler est une sorte d'opportunisme. Grâce à cet éventail infini de méthodes, j'ai réussi à changer la direction de ma carrière.

J'ai créé des mini légendes autour de mon travail qui m'ont permis de faire revenir mes clients à plusieurs reprises. David Berglas est l'un de mes artistes préférés. J'ai lu et dévoré ses publications ; j'ai même eu la chance d'assister à certains de ses miracles. J'ai toujours été impressionné par les efforts que David faisait pour obtenir certains de ses effets. Je suis conscient que certains d'entre vous lisent ces lignes et pensent que je m'apprête à vous embarquer dans une procédure ridicule et artificielle que personne n'utilisera jamais. Ne vous inquiétez pas, ça n'est pas le cas. Je rêverais de n'arriver qu'à la cheville de David et je ne suis pas en train de suggérer que j'ai trouvé une manière facile d'y arriver.

Les trois histoires qui suivent racontent des effets impossibles. J'ai essayé de les décrire aussi fidèlement que possible, du point de vue du public. Puis, comme dans un livre de magie classique, j'ai décrit la méthode. Ces trois effets ont un point commun sur lequel je reviendrai dans la conclusion.

Opportunisme groupé

L'évènement était une soirée privée dans un pub australien centenaire, avec une magnifique véranda en treillis faisant tout le tour du niveau supérieur, et une série de salles connectées les unes aux autres pour l'occasion. J'avais travaillé à l'intérieur pendant environ quatre-vingt-dix minutes, et j'avais essayé à plusieurs reprises d'atteindre la petite zone de la véranda qui avait été dédiée aux fumeurs. Il y eut enfin assez de place, mais seulement si je m'asseyais sur un banc de jardin entourant une table basse. C'est très rare que je fasse du mentalisme assis, mais il n'y avait littéralement pas d'autre place disponible. C'était une soirée extrêmement chaude, donc j'ai retiré ma veste, remonté mes manches et commencé à discuter avec le groupe autour de la table basse. J'avais aussi posé un paquet de cartes devant moi. Quelqu'un me servit un verre et nous commençâmes à discuter de lecture de pensée, de Derren Brown, de la soirée et des civilités habituelles. J'avais presque l'impression d'avoir fini de travailler et de me détendre avec des amis.

Ce que le public a vu

J'ai confié un petit livre de numéros et d'images aux deux femmes, un jeu de cartes à l'un des hommes, et un carnet au deuxième homme. Les spectatrices furent invitées à regarder un numéro et une image ; le spectateur avec les cartes en choisit une pendant que je tournais le dos, s'en souvint, la perdit lui-même dans le jeu, le mélangea et replaça les cartes dans l'étui. Le dernier spectateur devait penser au numéro du jour de sa naissance et l'écrire sur le carnet avant de le refermer et de le garder en main. Tout cela s'est déroulé pendant que je tournais le dos. Je n'ai jamais touché les cartes, le livre ou le carnet après les avoir confiés aux participants, et pourtant je fus capable de révéler chaque information, et plus encore, avec une précision infaillible.

De plus, je n'utilisais aucune duplication d'écriture, aucun accessoire électronique, aucun bluff, aucun complice ou assistant caché, et je n'ai posé aucune question. Si vous lisiez cela dans un catalogue de magie, vous l'achèteriez probablement aussitôt. Que s'était-il passé ?

Méthode

La disposition était la suivante. Je suis assis en face de l'une des spectatrices ; la deuxième se trouve à ma gauche ; les deux spectateurs se trouvent à ma droite. J'ai reconnu l'un des deux hommes car il m'a déjà vu lors d'un autre évènement, et il annonce à tout le monde, devant moi, que j'ai été génial la dernière fois. Comme c'est souvent le cas dans ce genre de situations, l'histoire qu'il raconte s'est embellie avec le temps, et même moi j'adorerais voir certains des tours qu'il prétend m'avoir vu faire. Finalement le sujet en arrive à ce que je vais présenter.

Je sors le *BIP book*, le merveilleux *book test* de close-up conçu par Scott Creasey ; je le confie à la jeune femme à ma gauche, en lui expliquant ce que j'attends d'elle. Elle regarde une image pendant que je tourne le dos. Après qu'elle m'ait confirmé avoir pensé à une image, je refais face au groupe. Pendant que je suis en train de me retourner vers eux, elle referme le livre et j'ai un aperçu momentané du bord de l'image ; c'est suffisant pour en déduire son choix, alors qu'habituellement je dois aller un peu à la pêche pour obtenir cette information. J'ai donc un temps d'avance, sans avoir à toucher le livre.

Je lui demande de passer le livre à sa voisine, qui doit choisir un numéro. Je me retourne et je débute la routine. En général, on commence par demander à un spectateur de lire les pensées de l'autre. Dans ce cas, elle a oublié son numéro donc elle rouvre le livre pour en choisir un autre et je l'aperçois accidentellement.

À ce stade de la routine, je connais l'image et le numéro, sans avoir fait ou touché quoi que ce soit.

Je me tourne vers mon spectateur de droite. Ce petit malin a déjà pris mon jeu de cartes, les a sortis de l'étui et les examine pour trouver un marquage (j'utilise rarement un jeu marqué et le jeu était normal ce soir-là). Il me dit qu'il m'a observé et qu'il pense s'y connaître un peu en magie. Je lui explique que je ne vais pas faire de magie. Il commence à mélanger le jeu et me lance un défi. « *Si je sors n'importe quelle carte du jeu au hasard, vous arriveriez à deviner ce que c'est ?* » Je lui réponds que je n'y arrive pas toujours mais que je peux essayer. Quand il me rend le jeu, je vois accidentellement la carte inférieure du jeu. Je lui fais donc un forçage classique de cette carte puis je lui demande de s'en souvenir, de la perdre dans le jeu, de mélanger les cartes et de les ranger dans l'étui.

Je me tourne vers le deuxième spectateur, l'homme à la droite et je lui confie le *Thought transmitter*. Ce portefeuille à *peek* conçu par John Cornelius a reçu beaucoup de critiques mais je m'en sers souvent ; dans les bonnes conditions, cela fonctionne parfaitement. Je l'utilise pour deviner une date anniversaire, comme vous le verrez dans la section « Astuces et techniques » à la fin de ce livre. Dans cet effet, le spectateur écrit le numéro du jour de sa naissance, donc un numéro entre 1 et 31. Je me retourne pour parler à la première spectatrice et vérifier qu'elle se souvient de son image. En refaisant face au spectateur, je vois qu'il est maladroit et qu'il a du mal à refermer le portefeuille ; j'aperçois accidentellement le numéro 30.

Faisons un point sur la situation. Je connais maintenant une image, un numéro à trois chiffres, une carte à jouer et un jour d'anniversaire. Je n'ai rien touché et je n'ai rien fait d'autre que donner mes instructions rudimentaires aux participants. Pris séparément, n'importe lequel de ces « accidents chanceux » me permettrait de faire un miracle. J'ai maintenant quatre miracles sous la main, il ne me reste plus qu'à les exploiter au mieux.

Je me tourne d'abord vers le spectateur qui pense à son anniversaire, car je vais devoir aller un peu à la pêche. Je suggère que son anniversaire se trouve vers la fin de l'année et il acquiesce. Comme je suis sur ma lancée, je dis « *Octobre* » et il confirme à nouveau ; c'est mon cinquième coup de chance de la soirée. Je lui dis de se concentrer sur le jour précis ; bien sûr, je sais déjà qu'il s'agit du 30. Je prends mon temps pour faire le reste des révélations, je récupère mon cachet et je m'en vais, sur mon petit nuage.

Cette anecdote spécifique a été racontée depuis à plusieurs reprises par les personnes y ayant assisté, et cela a débouché sur de nombreux contrats d'entreprise ou privé.

Opportunisme voyageur

Cette deuxième histoire est assez différente donc je vais commencer par décrire ce que le public a vu. Je faisais une série de spectacles intimistes dans un restaurant haut de gamme. Le propriétaire est un de mes amis ; le prix du menu couvrait la nourriture et ma prestation.

Ce que le public a vu

Il y avait environ huit tables de clients. J'en étais presque au final du spectacle et j'ai demandé à quatre tables de nominer un participant pour m'aider. Les volontaires s'avancèrent. J'ai présenté une version de « Kurotsuke », suivi d'une séquence de *book test*. Le dernier volontaire, un homme d'affaires anglais, avait choisi un mot dans un livre. Sans méthode apparente, j'ai révélé son mot, en disant que je pouvais le lire comme un livre ouvert. J'ai alors ajouté : « *Vous savez, normalement je ne le fais pas, mais voulez-vous essayer de pousser l'expérience encore plus loin ?* » Il acquiesça et je continuai : « *J'entends que vous avez un accent anglais, et pourtant vous vivez en Australie. Sans me révéler précisément où, pouvez-vous me dire si vous avez également vécu ailleurs ?* » Il répondit que c'était effectivement le cas. Je lui ai demandé de fermer les yeux et de se concentrer sur cet endroit. J'ai écrit quelque chose sur un calepin. Je l'ai ensuite invité à révéler l'endroit auquel il pensait. Il répondit « *Hong Kong* » et j'ai révélé le calepin. J'avais écrit « Japon », puis je l'avais rayé et j'avais écrit « Hong Kong ». J'ai alors continué en révélant deux choses supplémentaires que je n'avais aucun moyen de savoir. J'ai annoncé qu'il avait vécu à Hong Kong pendant neuf ans. Il hésita et répondit : « *Dix ans. Ah non, en fait, c'était bien neuf ans.* » J'ai également annoncé qu'il avait deux enfants, un garçon et une fille. J'ai ensuite révélé une chose en me trompant, puis une autre en me trompant à nouveau. J'ai terminé en lui disant que cela devenait flou et qu'il valait mieux en rester là. Le public était fou. Il retourna à sa table avec un air stupéfait. Sa femme n'en revenait pas et elle hallucinait complètement, en particulier sur le détail du neuf / dix ans. Que s'était-il passé ?

Méthode

Olivier, un ami français, était de passage à Sydney. Il avait acheté un billet d'avion et était venu me faire la surprise d'assister à mon spectacle. Nous avons discuté un peu avant et, en regardant la salle, il remarqua l'Anglais. Il réfléchit un instant et suggéra qu'il avait un miracle pour moi. Dix ans auparavant (!), il avait travaillé avec cet homme à Hong Kong. Il me donna quelques informations à son sujet. Le moment venu, j'avais en fait besoin de cinq volontaires donc j'ai demandé à quatre tables de choisir un participant. Par chance, l'une des tables choisit l'Anglais ; sinon, j'avais l'option de le choisir en tant que cinquième participant. Plutôt que de débiter toutes les informations (ce qui aurait eu l'air complètement impossible), j'ai modifié mon programme pour faire mes révélations à la suite de mon *book test*, presque comme si j'y avais pensé au dernier moment, pour donner l'impression que j'avais plus de faciliter à lire ses pensées que celles des autres. Olivier ne se souvenait plus si l'Anglais était resté neuf ou dix ans à Hong Kong donc j'ai tenté ma chance sur ce détail, avec succès. Le *book test* que j'utilise est assez classique, c'est normalement mon final ; ce soir-là, ce fut mon introduction !

Opportunisme téléphonique

Voici ma troisième histoire. Elle est plus courte mais c'est à nouveau un exemple parfait de cette approche. Je faisais une prestation privée pour Steve Bisley (un acteur australien, connu pour son rôle dans *Mad Max 2*). Son fils s'apprêtait à partir en année sabbatique, ces parents découvrirent qu'il adorait le mentalisme donc ils m'engagèrent. Je fus présenté à Steve puis j'ai commencé à m'installer pour le spectacle.

Ce que le public a vu

Pendant le spectacle, un groupe de volontaires me rejoignit sur scène, dont une femme nommée Candy. Après avoir révélé le mot auquel elle pensait, je lui ai suggéré de penser à quelque chose que je ne pouvais absolument pas connaître, par exemple les trois derniers chiffres de son numéro de portable. Malgré les conditions impossibles, je fus capable de deviner ces chiffres.

Elle n'avait rien écrit, nous ne nous étions jamais rencontrés et je n'avais jamais rencontré aucun des invités. Que s'était-il passé ?

Méthode

J'attendais dans la cuisine, j'avais encore trente minutes avant mon spectacle. Je me suis servi un verre et j'ai patienté tranquillement. Sur le réfrigérateur, se trouvaient l'assemblage classique d'aimants, de photos, de factures de gaz, et suffisamment d'informations pour faire baver la CIA. En plein milieu, se trouvait une liste de contacts téléphoniques. Parmi les John, James et Michael, j'ai remarqué le prénom Candy. C'est un prénom très inhabituel en Australie (sauf pour les strip-teaseuses… d'après ce qu'on m'a dit). J'ai mémorisé les trois derniers chiffres de son numéro de téléphone portable. Au cas où, j'ai également noté d'autres numéros et informations potentielles.

Steve Bisley m'introduisit au microphone et je suis arrivé dans la salle, en tant qu'invité surprise devant le public. Personne ne s'attendait à ma présence, y compris le fils de Steve. Le groupe se composait de cinquantenaires et de jeunes gens ayant une vingtaine d'années. Parmi les jeunes gens, une fille avait les cheveux roses, un rouge à lèvres rose, un pantalon blanc très serré, des piercings, etc. Elle se porta volontaire pendant le spectacle, m'évitant ainsi de devoir la choisir. Elle se joignit aux quatre autres volontaires à mes côtés. Je lui ai demandé son prénom et, sans surprise, c'était Candy. J'ai présenté un ou deux effets et je me suis rendu compte que j'arrivais facilement à lire ses pensées. Comme je ne voulais pas exposer son numéro de téléphone complet, je lui ai juste demandé de penser aux trois derniers chiffres ; pour le public, je n'avais aucun moyen de connaître cette information.

Comment exploiter l'opportunisme ?

Les trois exemples que vous venez de lire sont mes préférés, cependant ce sont loin d'être les seules fois où ce genre de choses me sont arrivées. J'ai eu des centaines de coups de chance, plus fréquemment ces trois dernières années. La fréquence de ces opportunités s'explique par le fait que je me mets dans une situation où elles ont de grandes chances de se produire souvent. Voici différentes façons d'augmenter votre taux de réussite.

Arrivez une heure à l'avance et discutez avec autant de personnes que possible, y compris le personnel sur place ou n'importe quelle personne liée à l'organisation de l'évènement, en particulier ceux qui se trouvent en bas de l'échelle sociale. Ils sont plus naïfs et moins contrôlés dans leurs propos ; ils vous offriront des informations sans y réfléchir une seule seconde et ils oublieront ce qu'ils vous ont dit.

Étudiez n'importe quel document, brochure, note, accord, badge, carte de visite, plan de table, demande culinaire inhabituelle... Bref, tout ce qui peut vous donner des indices sur les personnes présentes.

Déplacez-vous à l'intérieur et à l'extérieur de la salle en repérant les endroits stratégiques qui vous permettent d'écouter discrètement les conversations. J'ai travaillé dans des lieux avec une acoustique étonnante, des plafonds en verre, des plafonds anguleux et des configurations spécifiques qui me permettaient d'entendre des conversations se déroulant quinze mètres plus loin.

Regardez s'il y a quelque chose d'inhabituel dans le parking. Des plaques d'immatriculation avec des initiales, des voitures uniques ou des modèles intéressants.

Un soir, la moitié du parking était composé de Mercedes. J'avais donc une chance sur deux de faire une révélation correcte. Plus la personne en face de moi était bien habillée, plus mes chances augmentaient.

Posez des questions à différents groupes. « *J'ai déjà rencontré cette personne avant, mais j'ai oublié son nom ; vous pouvez me rafraîchir la mémoire ?* » Remarquez qui est avec qui. Quand ils sont séparés, soyez attentifs aux indices puis rapprochez-vous pour obtenir plus d'information.

Quand vous disposez de la liste des personnes présentes, ou même une courte liste des organisateurs, pensez à faire des recherches sur Facebook, LinkedIn et d'autres réseaux sociaux. Les informations obscures sont idéales, par exemple le nom des animaux de compagnie, le nom des amis ou d'anciens employeurs. Vous avez juste besoin d'une petite pépite pour augmenter un effet, pas d'un dossier complet. Si vous faites trop de révélations, cela devient suspect.

Complétez les informations tangibles grâce à votre observation et votre intuition, voire même une supposition informée.

Quand les gens dessinent quelque chose, observez les mouvements du stylo ou du crayon. La forme des numéros (parfois même des mots) peut être facile à identifier.

Si vous avez en face de vous un homme tatoué ayant bu quelques verres et que vous lui demandez un numéro à deux chiffres, il y a de fortes chances pour qu'il écrive 69. Observez son expression. S'il sourit, cela confirme vos suspicions.

Les gens écrivent souvent leur âge, donc essayez d'estimer cela, en combinant votre supposition aux informations fournies par les mouvements du stylo ou autre. Même une révélation imparfaite est impressionnante.

Pendant votre prestation, considérez les angles de vue que vous avez sur le groupe, en fonction de votre position. Je ne compte plus le nombre de fois où j'ai aperçu une carte à jouer dans les mains d'un spectateur assis, simplement en déplaçant mon poids d'un pied sur l'autre pendant qu'il regarde sa carte. C'est mieux qu'un forçage classique !

En résumé, soyez attentif, soyez alerte et soyez constamment à l'affût de toute information que vous pouvez recycler et révéler au public plus tard.

Tentez des révélations en vous basant sur votre observation. Vous verrez que vous vous améliorerez progressivement.

Un soir, j'étais à l'Opera House de Sydney et il y avait un très mauvais cartomancien. Plus tard, j'ai fait quelques effets de mentalisme réussis pour un groupe. Ils m'ont dit que j'étais beaucoup plus clairvoyant que le cartomancien. Celui-ci utilisait du *cold reading*. Moi pas. J'utilisais des informations que j'avais entendues au préalable durant la soirée, en présentant mes effets à des groupes adjacents.

Réfléchissez à votre façon d'exploiter ces informations, et n'en faites pas trop. Quelques éléments choisis avec soin, combinés à une révélation astucieuse, vous permettront d'être crédible. Si vous faites toujours la même chose à chaque groupe, ils penseront que c'est juste un truc et que vous avez eu accès à l'information d'une façon ou d'une autre.

En mentalisme, l'opportunisme est une attitude. Arrivez avec l'attitude que vous allez récupérer discrètement des informations, et vous en trouverez forcément. C'est peut-être le secret le plus important que vous lirez cette année.

Relisez ce chapitre et réfléchissez à la façon dont vous auriez révélé ces informations. Qu'auriez-vous dit précisément ? L'auriez-vous écrit sur un calepin ? Ou dessiné ? Montreriez-vous l'information à tout le monde d'un coup, ou d'abord au volontaire, pour avoir une double révélation ?

Ça n'est pas quelque chose qui se développe du jour au lendemain. Cela demande du travail et de l'entraînement, mais ce sera bientôt votre meilleur allié.

DÉPLACER LE MOMENT

Dans mon livre *Influences mentales,* j'ai abordé certaines de mes opinions sur la structure d'un numéro. J'aimerais développer ici ces idées et vous donner plus de détails, en me concentrant tout particulièrement sur un aspect spécifique de cette théorie. Je suis honnêtement persuadé que cette approche (encore plus que des routines individuelles) saura faciliter votre évolution vers le mentalisme professionnel ; j'espère que vous en serez convaincu. Cet essai a été publié sous une forme similaire dans une publication maintenant disparue et éditée par Mark Elsdon.

L'idée de base consiste à modifier, non pas l'ordre des effets, mais la gestion des procédures et des révélations de ces effets, afin de superposer certaines sections de différents effets. J'aime bien jouer avec les options de présentation en variant le rythme de la structure classique : procédure puis révélation, procédure puis révélation, procédure puis révélation. Les comiques « à l'ancienne » travaillent de cette façon, et la plupart des numéros de magie suivent ce schéma. Ils essayent de créer un numéro ou un spectacle où la fin d'un effet est liée au début du suivant, puis ils tentent d'avoir la transition la plus fluide possible d'un effet à l'autre. C'est bien, mais il existe une autre approche.

Regardez n'importe quel bon comique moderne et vous remarquerez une différence : les rappels. Ce sont des références à des blagues précédentes, parsemées le long du spectacle et déclenchant des rires supplémentaires alors qu'il s'agit simplement de la même blague, répétée dans un contexte différent. Un comique talentueux peut aussi créer une « toile », où des blagues apparemment sans rapport deviennent soudainement les parties combinées d'une intrigue complète, menant ainsi à une scène ayant un impact puissant, ou une chute marquante. La série télévisée *Seinfeld* en est un excellent exemple : plusieurs intrigues sans rapport finissent par converger et s'entrelacer.

Appliqué au mentalisme, ce principe vous donne de nombreux avantages, contrairement à la structure classique. Premièrement, en séparant la procédure et le final, vous créez un détournement d'attention au temps qui donne une forte impression de lecture de pensée authentique. De nombreux effets mentaux ont des procédures encombrantes, ou des limitations imposées au spectateur ; tout cela affecte l'impression de liberté ou de transparence. Si vous revenez à un spectateur plus tard dans le spectacle et que vous recontextualisez ou redéfinissez un effet (grâce à une formulation astucieuse), vous obtenez un impact beaucoup plus fort. « *Je vous avais demandé de penser à n'importe quelle star de cinéma.* »

Deuxièmement, le temps mort créé par certains effets peut être exploité pour des effets mineurs, ou peut-être pour la procédure rapide d'un effet à suivre. Un exemple serait ma version de « Sneak thief » par Larry Becker. Plutôt que d'avoir un silence (ou pire, de raconter n'importe quoi) pendant que les quatre spectateurs dessinent, je profite de ce moment pour révéler un mot choisi auparavant dans un dictionnaire. Je le fais nonchalamment et, à l'insu du public, je prépare les spectateurs pour ce qui va suivre lors de ma séquence de *book test*. Cela me permet également de faire un rappel à propos du dictionnaire : « *Je ne sais pas ce que cela signifie, mais comme Michael a un dictionnaire…* »

Troisièmement, cela vous permet d'augmenter la densité de la fin de votre numéro (ou spectacle). Dans mon livre précédent, j'ai brièvement évoqué le travail du magicien australien Phil Cass. Phil a un numéro d'entreprise avec une structure proche de la perfection. En tant que professionnel de talent, Phil a présenté le même numéro pendant des années, littéralement des milliers de fois. Il a résolu tous les problèmes, éliminé tous les points faibles, et a structuré son numéro de façon à laisser le public avec le souvenir marquant d'un magicien amusant, futé et talentueux. En résumé, son numéro est une série d'accidents et de désastres avec les objets prêtés par le public. Argent, montre, bague, cravate... tout est détruit ou perdu, puis tout est retrouvé et restauré dans les dernières minutes de son numéro. J'irai jusqu'à dire que les rires et les situations comiques que Phil crée ont pour conséquence que le public ne se rappelle pas vraiment des détails de chaque section du numéro. Cependant, les cinq dernières minutes contiennent tellement de moments magiques que le public est submergé par une vague émotionnelle ; les *standing ovations* que Phil reçoit régulièrement sont parmi les plus fortes et les plus spontanées que j'ai pu voir. Je suis convaincu que c'est le résultat de l'intelligence de Phil. Il a pris certains des moments magiques (qui se produisaient habituellement au milieu du numéro) et il les a déplacés vers la fin du numéro.

Il faut faire attention lors de l'utilisation de cette approche, car des échecs à répétitions pendant le numéro peuvent pousser le public à ne plus s'intéresser à votre spectacle. Phil gère cela grâce à son humour, un domaine où il excelle. Les « accidents » sont ironiques et hilarants, il joue avec les membres du public et fait mine de les blâmer pour leur manque de confiance. Cette approche est très spécifique au personnage de Phil, et je doute que d'autres artistes puissent le faire aussi bien. D'ailleurs je ne leur conseille pas d'essayer.

Pendant plus de vingt-cinq ans, j'ai utilisé cette idée de base avec beaucoup de succès : déplacer tous les moments magiques dans les dernières minutes de mon numéro. Mon numéro d'entreprise actuel contient énormément de révélations dans les quelques dernières minutes. Cette « avalanche » de révélations réussies et de pics émotionnels a un impact significatif sur le public. Ils s'en prennent tellement dans la tête qu'ils sont incapables de remonter chaque séquence individuelle. En conséquence, le degré d'impossibilité est augmenté grâce au volume des révélations. Cela donne vraiment l'impression que j'extrais les informations directement dans l'esprit des spectateurs, presque comme s'il n'y avait eu aucune procédure.

En mentalisme, l'échec est souvent utilisé pour renforcer les effets. La prémisse est la suivante : un magicien ne ferait pas un tour qui rate mais, si vous êtes un vrai mentaliste, vous pouvez parfois vous tromper. C'est la différence majeure entre les deux disciplines. J'ai toujours aimé jouer avec le côté « magicien en difficulté ». Cependant, en mentalisme, le public perçoit les choses différemment. Il est souvent évident que le magicien joue la comédie et qu'il reviendra plus tard sur son échec. Grâce à la découverte de ce nouveau principe, je peux maintenant avoir quelques échecs occasionnels pendant mon numéro, puis faire un rappel plus tard, soit avec une explication de l'échec, soit avec une solution pour corriger mon erreur. Pour vous donner un exemple, j'utilise une des listes astucieuses qui ont été publiées pour le *Mother Of All Booktests* (*MOABT*). Cette liste vous permet de montrer que, malgré votre erreur sur le mot pensé, il y avait une raison. « *Vous vous souvenez quand j'ai écrit "Foulard" ?*

C'est ce que j'ai vu, mais maintenant je me rends compte que c'était une erreur visuelle, en réalité vous pensiez à un mouchoir, n'est-ce pas ? »

Vous devez guider le public le long d'un voyage avec ses montées et ses descentes, sa lumière et sa zone d'ombre, avec des expériences qui jouent sur leurs émotions et leur curiosité. Un numéro qui contient des temps forts et des temps faibles, voire même des temps de silence. Il est possible d'alterner échec et réussite. C'est ce que j'appelle les « montagnes russes ». Certains effets vous permettent de jouer avec votre erreur et d'utiliser cet aspect pour créer une révélation finale encore plus forte.

Évidemment, il y a des fois où une erreur ne va pas vous aider. Je présentais un effet où la montre du spectateur et la mienne se retrouvaient soudainement réglées sur la même heure au hasard. L'expérience m'a montré que 7h55 et 7h57 ne sont pas vues comme deux heures identiques par le public ; soit c'est la même heure exacte, soit c'est raté.

En utilisant l'échec pour renforcer l'illusion dans le numéro puis en me donnant l'occasion d'y revenir plus tard, je me retrouve dans une situation favorable où les échecs deviennent aussi des réussites dans l'esprit du public. C'est l'avantage du mentalisme. Comme le disait quelqu'un : « *Même quand vous avez tort, vous avez raison.* » Hé bien maintenant j'ai la possibilité d'avoir vraiment toujours raison.

J'ai passé beaucoup de temps à réfléchir au rythme des procédures et des moments magiques. Dans ma séquence de *book test*, j'utilise cinq spectateurs, neuf livres et jusqu'à six ou sept mots choisis et révélés d'une façon ou d'une autre. Il y a quinze ans, je faisais choisir un mot puis je le révélais, et je répétais cette séquence quatre fois de suite. C'était répétitif, quelle que soit la présentation. Aujourd'hui, j'en fais choisir trois ou quatre rapidement et successivement. Je les révèle ensuite tous en même temps, de façon rapide et théâtrale. Cela me donne donc une séquence unique de révélations ; d'accord, ce sont trois mots, mais d'une certaine façon c'est le final d'un seul et même effet. Je fais ensuite choisir d'autres informations supplémentaires et je continue avec des détails sur des numéros, des dessins, etc. Je fais alors choisir deux ou trois nouveaux mots dans des conditions apparemment encore plus impossibles, puis je les révèle de façon encore plus théâtrale. Cela change le rythme, renforce les révélations et m'offre une série de révélations impossibles et rapides, les unes après les autres. Comprenez-moi bien. Ce sont les mêmes effets que je faisais avant, dans le même ordre et avec les mêmes procédures, les mêmes méthodes et les mêmes révélations. La seule différence est l'ordre des révélations ainsi que leurs révélations. C'est une différence primordiale.

J'ai toujours travaillé dur pour garantir que les effets que je choisis sont parfaitement adaptés à mon personnage et à mon style. Je suis sûr que nous sommes nombreux à le faire. Simplement voir un bon tour et décider de le mettre dans son spectacle n'est pas la bonne façon de construire un numéro. Il est important de prendre du recul et d'avoir une idée claire de ce que vous essayez de faire, comment, pourquoi, et avec quel « pouvoir ». Si vous avez une idée claire de votre répertoire, alors je vous conseille de l'examiner à nouveau (probablement en vous filmant) et de réfléchir à mes trois suggestions suivantes.

Premièrement, étudiez le rythme. Pouvez-vous déplacer ou retarder les révélations ? Pouvez-vous les regrouper, ou révéler chaque information séparément ? Cela augmente ce que mon ami Chuck Hickok appelle les « moments d'émerveillement ». Pouvez-vous changer le rythme et votre présentation pour augmenter la théâtralité ?

Deuxièmement, essayez d'identifier les temps morts, ces moments où quelque chose se déroule en dehors de votre contrôle et que vous pourriez exploiter. Pouvez-vous commencer à installer la séquence suivante du numéro, confier un crayon, un calepin, un dictionnaire, un livre, un dé, etc. ? Pouvez-vous révéler une information supplémentaire provenant d'une séquence précédente ? Pouvez-vous revenir en arrière et corriger une erreur ? Pouvez-vous faire un rappel à un effet précédent, et rappeler au public ce qui s'est passé pour expliquer le pourquoi du comment ? En résumé, pouvez-vous exploiter ce temps mort sur scène ?

Troisièmement, quelle impression est générée par les cinq dernières minutes de votre numéro ? Comme c'est ce dont les spectateurs se souviendront, que pouvez-vous y mettre ? Pouvez-vous rajouter quelques révélations supplémentaires dans le final ? Pouvez-vous le renforcer en retardant un élément venant d'une séquence précédente dans le spectacle ? Comment pouvez-vous rendre le final plus mémorable ?

Ce processus est toujours difficile à gérer seul. Il est fréquemment conseillé de « trouver un metteur en scène », mais je suis réaliste et je sais que la majorité d'entre vous ne le fera pas. Une méthode plus simple consiste à discuter de tout ça avec un ami ou un partenaire, et à faire l'exercice suivant. Parcourez votre numéro en le comparant aux trois suggestions données ici, et en voyant ce que vous pouvez déplacer ou regrouper.

Pour moi, ce fut une révélation. J'espère que vous aurez le courage d'essayer cette approche. Je vous garantis que cela a eu des bénéfices incroyables pour moi et mon numéro d'entreprise.

ENVELOPPES

ENVELOPPE PRO PLUS

Mon Enveloppe Pro (une enveloppe à double sortie), et en particulier les idées que j'avais publiées dans *Influences mentales*, eurent beaucoup de succès auprès des professionnels. Quand j'avais la chance de montrer certaines de ses possibilités dans ma conférence (par exemple, ma routine « Le survivant »[3], basée sur une idée d'Andi Gladwin), cela devenait un des effets préférés des magiciens présents, et la raison principale pour laquelle ils achetaient mon livre. J'ai présenté « Le survivant » en Angleterre, aux États-Unis, en Italie, en Australie et en France ; c'était toujours un succès auprès du public.

Quand vous montrez vos idées à de nombreuses personnes douées et créatives, vous allez inévitablement recevoir des suggestions, et c'est ce qui s'est passé ici. La simplicité de fabrication de l'Enveloppe Pro est quelque chose qui m'a toujours plu. Il m'est arrivé d'arriver sur les lieux d'un spectacle, de décider que j'avais besoin d'une Enveloppe Pro pour un effet, de trouver les matériaux nécessaires dans une papeterie locale et d'en fabriquer une sur-le-champ. Pour certains, l'inconvénient de l'Enveloppe Pro était de devoir la couper avec des ciseaux pour l'ouvrir et révéler son contenu. Cela ne m'a jamais dérangé mais plusieurs personnes ont suggéré d'utiliser de la colle plutôt que du ruban adhésif, pour permettre à l'enveloppe d'être déchirée. Je suis d'accord avec eux mais ça n'est pas vraiment pratique avec le design actuel de mon Enveloppe Pro. J'ai testé différentes colles mais aucune ne m'a satisfait et aucune n'était aussi

---

[3] Sean Taylor, « Le survivant », *Influences mentales*, trad. fr. Vincent Hedan, 2013, p. 69. (NDT)

performante que l'adhésif double face. Personne n'a plus besoin que moi de se débarrasser des ciseaux car je prends souvent l'avion pour mes spectacles et je ne peux pas les transporter avec moi. Pour cette raison, j'ai d'ailleurs souvent dû acheter une nouvelle paire de ciseaux bon marché sur place, en les abandonnant derrière moi à chaque fois !

Au bout de quelques mois, je suis allé à la British Magical Society à Birmingham ; j'y présentais ma conférence pour la deuxième fois. Je fus introduit par Keith Bennet (que j'aime appeler « L'incroyable magicien rétrécissant » !). Keith a une connaissance encyclopédique de la magie et c'est un penseur génial ; il m'a fait cette suggestion brillante. Non seulement l'idée de Keith vous permet d'utiliser de la colle et donc de déchirer l'enveloppe pour l'ouvrir à la fin, mais sa solution ajoute un élément que vous serez nombreux à trouver utile.

Imaginez la chose suivante. Vous écrivez une prédiction sur un bout de papier ou une carte de visite. Vous prenez une enveloppe clairement vide et vous y placez votre prédiction, puis vous refermez l'enveloppe. Vous avez maintenant une enveloppe à deux sorties. Plus tard, quand vous déchirez l'enveloppe pour l'ouvrir, vous pouvez faire tomber librement et honnêtement l'une des deux prédictions différentes.

Cette version est parfaite pour les fiches cartonnées, les cartes postales et aussi les cartes à jouer.

Matériel nécessaire

Une colle devenant active par contact, comme le *rubber cement*, le Copydex, ou autre.

Des enveloppes. Pour les Enveloppes Pro décrites dans *Influences mentales*, nous avions besoin d'enveloppes ayant une ouverture sur un petit côté. Pour les Enveloppes Pro Plus décrites ici, nous avons besoin d'enveloppes ayant une ouverture sur le grand côté, avec un rabat triangulaire[4] (fig. 1).

La taille est identique à une enveloppe postale classique.

Utilisez des enveloppes de bonne qualité, fabriquées localement, pour qu'elles soient parfaitement opaques. Cela évitera que la deuxième prédiction soit visible à travers le rabat, en particulier si une lumière se trouve derrière vous.

Je vous conseille de faire vos prédictions sur un papier de couleur différente de l'enveloppe, pour que le public voie bien l'enveloppe vide au début. Ensuite, quand vous placez votre prédiction à l'intérieur, les spectateurs verront clairement qu'il n'y a rien d'autre dans l'enveloppe. Enfin, quand vous sortez la prédiction à la fin, l'enveloppe sera à nouveau clairement vide.

---

[4] Vous pourriez utiliser des enveloppes avec un rabat droit, mais cela a deux inconvénients. Premièrement, c'est moins évident de montrer l'enveloppe vide. Deuxièmement, c'est plus difficile d'appliquer la colle car vous avez un accès réduit à l'intérieur de l'enveloppe. (NDA)

Fabrication

Vous avez besoin de deux enveloppes identiques. Prenez la première et découpez ses quatre côtés. Il suffit de couper environ deux ou trois millimètres. Vous vous retrouvez avec une cloison qui rentre parfaitement dans la deuxième enveloppe.

Posez la deuxième enveloppe sur la table devant vous, côté adresse vers le bas. Ouvrez complètement le rabat pour qu'il soit à plat.

Posez la cloison devant vous. Appliquez la colle le long du petit côté gauche de la cloison (zone A sur la photo), en créant une bande collante d'environ deux centimètres de large. Laissez sécher.

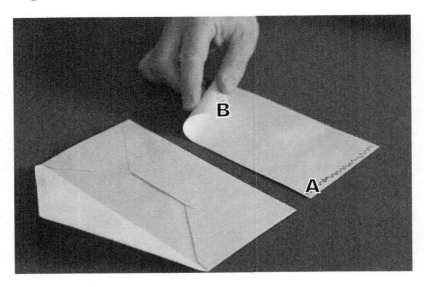

Retournez la cloison de haut en bas et appliquez la colle le long du petit côté droit de la cloison (zone B sur la photo), en créant une bande collante d'environ deux centimètres de large. Laissez sécher.

Dans l'enveloppe normale, appliquez la colle aux zones correspondantes. Pour permettre à ces deux zones encollées de sécher dans l'enveloppe sans coller à l'intérieur, placez un objet dans l'enveloppe (par exemple, un jeu de cartes) pour la maintenir ouverte.

Ces colles de contact sèchent assez rapidement. Personnellement, j'en prépare plusieurs en même temps et je le laisse sécher pendant la nuit. Copydex est souvent fourni avec un applicateur en plastique qui est très pratique pour faciliter cette phase d'encollage.

Une fois que la colle est sèche au toucher, glissez délicatement la cloison dans l'enveloppe. Pour cela, ouvrez l'enveloppe en appuyant dessus et glissez délicatement la cloison à l'intérieur, pour que les zones encollées soient alignées.

Le bord supérieur de la cloison doit aussi être parfaitement aligné avec le pli du rabat. Quand la cloison est en place, vos doigts appuient fermement sur les zones encollées pour qu'elles se scellent et maintiennent la cloison en place.

Vous pouvez maintenant placer votre prédiction derrière la cloison, en la glissant simplement par le dessus.

CHAT OU CHIEN

Disons que vous avez écrit « CHAT » sur une petite fiche cartonnée et que vous l'avez placée derrière la cloison.

Pendant le spectacle, vous demandez une volontaire aimant les animaux. Vous déclarez que vous allez faire une prédiction basée sur votre impression de cette personne. Vous écrivez le mot « CHIEN » sur une petite fiche cartonnée ; vous ne pouvez plus changer votre choix. Sortez l'Enveloppe Pro Plus de votre poche, ouvrez le rabat et montrez nonchalamment que l'enveloppe est vide. Placez votre prédiction face cachée dans l'enveloppe, léchez le rabat et scellez l'enveloppe. Placez-la sur la paume tendue de la spectatrice.

Expliquez-lui : « *Tous les fans d'animaux tombent dans deux catégories : ceux qui aiment les chats, et ceux qui aiment les chiens. Certains aiment les chats et les chiens, mais ils ont quand même une préférence entre les deux, sinon ce serait trop simple. Alice, préférez-vous les chats ou les chiens ?* »

 Une fois qu'elle a répondu, prenez l'enveloppe pour que le rabat soit vers vous. Si vous devez révéler la prédiction « CHIEN » que vous venez de faire, déchirez le petit côté droit de l'enveloppe (fig. 6) ; si vous devez révéler la prédiction « CHAT » préparée à l'avance, déchirez le petit côté gauche. Déchirez la moitié de la largeur de vos bandes de colles ; dans notre exemple, vous aviez appliqué de la colle sur une largeur de deux centimètres, donc déchirez environ un centimètre du petit côté de l'enveloppe.

Une fois l'enveloppe déchirée, vous pouvez appuyer légèrement sur l'enveloppe pour l'ouvrir, et laisser tomber très clairement une seule et unique prédiction (fig. 7) dans la main de la spectatrice. Même de près, la cloison collée est parfaitement invisible au niveau de l'ouverture déchirée.

50/50

Dans mon livre *Influences mentales*, j'avais mentionné le spectacle *Out of your mind* que je faisais avec trois amis mentalistes. Ce programme contenait deux heures d'effets entièrement originaux. Deux effets décrits dans *Influences mentales* avaient été créés spécifiquement pour le spectacle : « Actualités mondiales »[5] et « La salle du trône »[5].

L'un des concepts que nous explorions dans le spectacle était celui des choix 50/50. Cela faisait partie d'une plus grande routine se concluant avec un seul joueur ; bien que cela semble aléatoire, nous montrions ensuite que nous avions prédit cette personne. C'était vraiment un macro effet ; lors de la conception du spectacle, nous voulions vraiment impliquer le public. Entre quelques effets plus petits, calmes et intimistes, nous avions pour but de produire des macro effets où chaque membre du public participait. Je n'ai pas décrit l'effet entier, juste une version modifiée de l'introduction ; dans notre cas, nous utilisions une méthode différente car nous présentions l'effet tous les soirs, mais l'intrigue reste valable ici.

Ce que le public voit

Le mentaliste explique qu'il est très difficile de lire les pensées. Non seulement c'est difficile pour lui, mais cela dépend aussi de la capacité du public à se concentrer et à émettre des pensées claires. Pour démontrer cela, le mentaliste propose d'émettre des pensées et le public

---

[5] Sean Taylor, *Influences mentales*, trad. fr. Vincent Hedan, 2013. « Actualités mondiales », p. 119. « La salle du trône », p. 132. (NDT)

essayera de lire son esprit. Les spectateurs sont invités à se lever pour participer. Une série d'enveloppes sont montrées ; chacune a deux mots diamétralement opposés inscrits dessus.

Le mentaliste annonce qu'il va essayer d'envoyer un seul mot mentalement et que les membres du public doivent essayer de lire ses pensées. À chaque fois, le public doit choisir un des deux mots. Puis l'enveloppe est ouverte pour révéler le mot unique qu'elle contient. Si les membres du public ont deviné juste, ils restent debout ; sinon, ils se rasseyent. Le processus continue jusqu'à qu'une seule personne reste debout. Le mentaliste révèle alors qu'il avait prédit cette personne.

Préparation

Vous aurez besoin d'une série d'Enveloppes Pro Plus. Chaque enveloppe contient deux mots écrits en gros sur un papier et placés dans chacune des deux sorties. Sur la surface de l'enveloppe, vous écrivez également les deux mots, l'un au-dessus de l'autre.

Pour faciliter votre travail de mémoire, faites en sorte que le mot du dessus (sur la surface de l'enveloppe) soit toujours celui révélé en déchirant le côté droit de l'enveloppe ; le mot du dessous est toujours révélé en déchirant le côté gauche de l'enveloppe.

Je ne peux pas vous indiquer la quantité d'enveloppes dont vous avez besoin. Chaque enveloppe élimine environ la moitié du public, donc six ou sept enveloppes devraient vous permettre de réduire un groupe de cent personnes afin de ne garder qu'un seul spectateur. Dix enveloppes seront largement suffisantes.

Voici quelques exemples de couples de mots, mais bien sûr utilisez votre imagination et lâchez-vous.

Blanc / Noir	Dessus / Dessous
Chien / Chat	Clair / Obscur
Chaud / Froid	Gauche / Droite
Ville / Campagne	Pile / Face
Chaos / Ordre	Café / Thé
Sucré / Salé	Travail / Loisir
Dur / Mou	Sec / Mouillé

Préparez également une enveloppe normale, de couleur différente des Enveloppes Pro Plus, et contenant le nom du spectateur final. Vous devez trouver secrètement le nom d'une personne que vous ne connaissez pas. La prédiction doit être proche de son prénom, sans être parfaite. Par exemple : « *Je crois que le dernier spectateur debout s'appellera Patrick ou Patrice.* »

Présentation

Une fois que vous avez établi le thème et expliqué que vous allez essayer de projeter mentalement un mot, le public se lève. Suggérez-leur que, s'ils sentent que c'est le mot du dessus, ils doivent lever la main ; s'ils sentent que c'est le mot du bas, ils gardent les mains en bas.

Surveillez votre spectateur « cible » ; s'il lève la main, vous déchirez le côté droit de l'enveloppe ; s'il ne lève pas la main, vous déchirez le côté gauche.

Annoncez que ceux qui ont deviné correctement restent debout ; les autres peuvent se rasseoir. Par exemple, vous pourriez dire : « *Si vous avez levé la main, vous continuez à jouer. Sinon, vous êtes éliminé et vous pouvez vous rasseoir.* »

Continuez à surveiller votre spectateur « cible » et faites-le gagner à chaque fois. Quand il ne vous reste plus que deux personnes, vous aurez peut-être une ou deux enveloppes où personne n'est éliminé, mais en général les derniers joueurs essayent d'éliminer leur adversaire en choisissant l'autre mot. Quand il ne vous reste plus qu'un seul spectateur, invitez-le sur scène et demandez-lui son prénom.

« *Patrick, vous avez été incroyable. Lire les pensées d'autrui n'est pas chose facile mais vous vous en êtes très bien sorti. La chose la plus difficile que je fais est de prédire les évènements futurs et j'ai justement fait une prédiction à propos de ce jeu.* »

Confiez-lui l'enveloppe de couleur différente et demandez-lui de l'ouvrir, de s'avancer vers le microphone et de lire votre prédiction à voix haute.

CLASSIQUES

PsyConfabuleux

L'effet « Confabulation » m'a toujours attiré. À plusieurs reprises, je suis revenu à ce concept de base et j'ai développé des présentations et des méthodes pour des situations très variées en entreprise, en privé, etc. Il a quelque chose de fascinant dans une routine qui traite de détails si personnels et familiers, et où il est évident que vous ne pouviez absolument pas contrôler le résultat final. Il y a quelques années, j'ai décroché un contrat de spectacle à la dernière minute, pour un club de football. Imaginez leur plaisir quand j'ai pu inclure leur thème dans ma présentation. Je reviendrai plus tard sur les détails de cet évènement mais, croyez-moi, ils savaient que j'avais fait l'effort d'adapter mon spectacle à leur univers.

Alan Shaxon a développé des concepts originaux et bien connus des magiciens britanniques pour « créer » cet effet. Il insistait toujours sur le fait qu'il avait facilité une méthode d'un concept connu et, comme toujours avec Shaxon, il était très modeste sur sa contribution. Il avait créé une méthode simplifiée et directe ; c'est exactement le genre de magie que j'aimais en grandissant en Angleterre. C'est un style frontal apprécié par Pat Page, Billy McComb, Roy Johnson et Shaxon lui-même, ainsi que d'autres héros de mon enfance. Tous les accessoires et le matériel sont réduits au minimum, et les méthodes vont droit au but, de la façon la plus simple possible. Dans l'Angleterre d'après-guerre, il n'était pas facile de trouver du matériel spécialisé, ou du papier et des stylos spéciaux ; même quand ils étaient disponibles, c'était à des tarifs prohibitifs. Il fallait donc faire avec ce que vous aviez sous la main.

Dans l'original d'Alan, un calepin est utilisé, puis un ou des spectateurs décrivent les détails, par exemple, d'une voiture. La couleur, le modèle, la marque, le prix… Ces informations sont écrites sur un papier qui est confié à un spectateur pour vérification. Alan sort un portefeuille de sa poche, ouvre le compartiment à fermeture éclair et en sort une enveloppe, dans laquelle se trouve un papier. Aussi incroyable que cela puisse paraître, vous aviez prédit tous les détails de la voiture et vous pouvez montrer que vous aviez tout écrit avant de sceller le papier dans l'enveloppe. Génial. La méthode utilise simplement un papier carbone collé dans l'enveloppe, et une astuce futée pour cacher l'enveloppe dans le calepin puis pour la charger dans le portefeuille. L'effet était distribué par Ken Brooke et est devenu un des piliers du répertoire de mentalisme, avec de nombreuses variantes modernes distribuées par Paul Store en Angleterre et par Stevens aux États-Unis. L'effet est décrit dans le livre *My kind of magic* d'Alan Shaxon, et dans la publication récente *The sophisticated sorcerer*.

Nick Lewin se rendait souvent dans le magasin de magie de Ken Brooke et l'eut même comme professeur avant d'émigrer aux États-Unis et de développer sa propre méthode. Il l'utilisait dans ses spectacles habituels et continua ainsi quand il devint célèbre à Las Vegas. Nick montra sa version à Ron Wilson, qui était fréquemment présent au Magic Castle. Quand Wilson publia cet effet dans *The uncanny Scot*, ce fut sous son propre nom et sans mention de Nick. Comme souvent avec Nick, la méthode était « bricolo », avec uniquement des enveloppes, des morceaux de papier et de carton. Le calepin et le papier carbone avaient été éliminés et remplacés par des astuces simples permettant d'écrire les informations en double discrètement. C'est cette version que j'ai souvent présentée et qui est donc la base de ma variante. Je l'ai montrée à Nick, il l'a adorée et m'a raconté l'anecdote que vous venez de lire.

Je tiens à ajouter une chose. *The uncanny Scot* est un des meilleurs livres de magie mais il est rarement évoqué. Les livres que j'aime détaillent le répertoire des professionnels de notre métier. Les livres de Ken Brooke et Billy McComb (publiés par Supreme) sont de bons exemples. *The uncanny Scot* dévoile le répertoire professionnel de Ron. Pas de trucs jamais testés, uniquement des effets conçus pour des conditions réelles et ayant fait leurs preuves sur le terrain. Vous le trouverez facilement à vingt ou quarante dollars et il mérite largement que vous l'étudiiez.

« PsyConfabuleux » a déjà été expliqué en anglais dans mon DVD *PsyConfabulous* en 2011. Comme tous les DVDs de magie, il eut du succès pendant un mois puis il disparut de la page d'accueil de tous les sites principaux. Depuis, j'ai ajouté plusieurs idées supplémentaires, donc vous trouverez ici ma version la plus complète et la plus à jour.

Je vais décrire la structure de base de la méthode, quelques idées supplémentaires et différentes présentations que j'ai utilisées, mais je n'ai pas le dernier mot ; ça n'est que le commencement. Vous devriez prendre le temps de penser à votre public, à ce qu'ils apprécient, à ce qui les intéresse. Avec un minium d'effort, vous saurez adopter cet effet à leurs envies, et ils vous en seront reconnaissants.

Je transporte toujours avec moi le matériel nécessaire pour cet effet. C'est facile à mettre en place et à adapter au thème de la soirée. Comme vous allez le voir, bien qu'il n'y ait pas grand-chose à transporter, c'est idéal pour la scène. Dans la catégorie des « effets faciles à transporter et occupant toute la scène », c'est mon préféré. Mon fils Patrick est sur la bonne voie pour devenir un magicien professionnel ; il présente tout le temps cet effet et il trouve toujours différentes façons pour s'adapter au thème.

Prédiction automobile

Ce que le public voit

Un ballon de baudruche gonflé est suspendu à une tige à côté de la mallette du mentaliste. Un ballon de plage est lancé dans le public. Chaque personne qui l'attrape est invitée à aider le mentaliste. Le premier spectateur choisit la marque d'une voiture, le deuxième choisit le modèle, le troisième la couleur, le quatrième le prix. Le mentaliste écrit chacune de ces suggestions au feutre noir sur une grande bande de papier cartonné. Ce papier est ensuite confié à un volontaire pour le surveiller.

Le mentaliste attire l'attention du public sur le ballon de baudruche suspendu. La tige est confiée à un autre volontaire qui est invité à utiliser une épingle à nourrice pour faire exploser le ballon. À l'intérieur, se trouve une pince à dessin dans laquelle est plié un papier. Le papier est déplié et confié au volontaire. Il y voit un message écrit à l'encre rouge et le lit à voix haute : « *J'ai beaucoup réfléchi à vos options et j'ai choisi la voiture que je souhaite acheter. Veuillez me commander le véhicule suivant et le livrer le lundi 26 avril. Une Mazda RX8, rouge, pour 23 000 dollars.* »

Aperçu de la méthode

La grande bande de papier cartonné est préparée afin que la prédiction soit pliée autour de façon invisible. Une ruse astucieuse vous permet de tout écrire en double, remplissant ainsi la prédiction sur le deuxième papier. Une fois écrite, la prédiction est pliée secrètement avec un mouvement de cartomagie classique. La pince à dessin est une pince Ostin et vous permet de donner l'illusion que votre prédiction était dans le ballon. La prédiction apparaît en rouge grâce à une encre qui change de couleur.

Références

J'ai une longue liste de personnes à remercier et créditer pour les différents éléments de cette routine. À part Nick Lewin, Ron Wilson et Alan Shaxon qui ont créé le concept original et d'autres éléments repris ici, voici la source des autres aspects de ma version.

Bob Ostin est l'inventeur de la pince Ostin. C'est une idée simple ainsi qu'une méthode fantastique pour échanger une carte, un papier ou un billet alors qu'il était visible depuis le début.

L'idée de placer une pince Ostin dans un ballon est de John Riggs. Je le remercie de m'avoir autorisé à partager son idée ici.

Tommy Wonder est le créateur d'une excellente alternative au pliage Mercury ; grâce à la technique de Wonder, vous pouvez plier une carte d'une seule main et c'est la base de la technique que j'utilise.

Richard Paddon a publié plusieurs idées brillantes utilisant des feutres changeant de couleur, à l'origine conçus par Crayola. J'utilise une des idées de Richard pour changer l'encre noire en encre rouge.

Matériel nécessaire

Voici la liste complète, nous y reviendrons en détail ensuite.

Une pince Ostin attachée à un élastique.

Un ballon de baudruche, transparent ou semi-transparent.

Une bande de papier cartonné divisée en cinq rectangles à l'aide d'un feutre noir.

Une deuxième bande de papier cartonné mais moins épaisse, et plus courte.

Un aimant et une pince à dessin.

Un feutre noir dont l'encre change de couleur.

Un feutre noir et un feutre rouge, à pointe fine comme les Sharpies.

Un ballon de plage gonflable.

Une épingle à nourrice.

OK, voyons maintenant comment vous procurer chaque élément et les préparer.

La pince Ostin

Je n'ai jamais vu une pince Ostin fabriquée par Bob Ostin lui-même. Je me souviens d'une description dans un magazine il y a plusieurs années, et j'avais dépensé une grosse somme d'argent pour acheter le livre d'Ostin en espérant en apprendre plus. Je fus très déçu, non seulement par la description de la pince, mais aussi par le reste du livre. C'était juste une réimpression de chaque article de magazine original, sans aucun ajout, et certaines des illustrations étaient impossibles à déchiffrer.

Depuis, cette pince a été réinventée par de nombreuses personnes, certains la vendant à des prix allant jusqu'à soixante-quinze dollars, ce qui est parfaitement ridicule.

Pour la fabriquer, vous aurez besoin d'une pince à dessin, d'un élastique moyen et d'un petit papier plié. Le tout ne devrait pas vous coûter plus de cinq euros. Pour la pince à dessin, j'utilise un modèle britannique récent.

Je double l'élastique et je le place sur la pince.

Je plie le papier et je le place sur l'élastique, en déchirant légèrement les extrémités du pli.

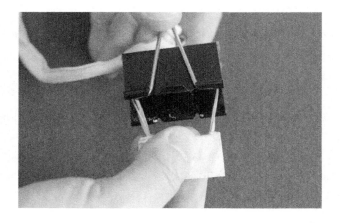

Dans cette position, l'élastique doublé passe sur le côté supérieur plat de la pince, puis directement dans la mâchoire de la pince. Ouvrez la mâchoire de la pince, tirez sur le papier pour le sortir de la mâchoire puis relâchez la pression de la pince pour que le papier repose sur l'ouverture de la pince ; le papier n'est pas pincé, il tient uniquement grâce à la tension de l'élastique doublé.

Quand vous appuyez sur la pince pour l'ouvrir, l'élastique tire le papier et le fait rentrer dans la pince. Une fois que vous avez compris le fonctionnement de ce gimmick, vous pourrez prévoir la bonne taille d'élastique et de papier en fonction de votre pince.

Une fois que vous êtes satisfait de son fonctionnement et que la tension de l'élastique est parfaite pour faire rentrer instantanément le papier, vous pouvez encore améliorer le gimmick. Pour dissimuler l'élastique sur la pince, utilisez un petit rectangle d'adhésif noir. Vous pouvez ensuite utiliser un feutre noir pour noircir les brins d'élastique visibles sur les côtés de la pince.

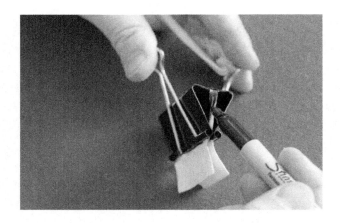

Tout ce bricolage prend environ cinq minutes. Comme je le disais, il est possible de fabriquer ce gimmick quand vous arrivez sur place, en achetant les différents matériaux dans un magasin général. (Je ne comprends pas que certains paient soixante-quinze dollars pour ce genre d'accessoire, mais tel est le monde merveilleux de la magie. C'est le seul domaine où vous pouvez couper une pièce de vingt centimes en deux, mettre un élastique autour et vendre le tout pour vingt euros.)

Prenez un élastique large, coupez la boucle pour obtenir une bande de trente centimètres de long environ et nouez une extrémité de cette bande à l'un des bras de la pince. Nouez une boucle à l'autre extrémité.

Le ballon transparent

J'utilise des ballons Qualatex, ou les ballons utilisés en magie pour le tour de l'aiguille à travers le ballon. Bien sûr n'importe quel ballon fera l'affaire mais les ballons transparents rendent très bien.

La tige magnétique

J'ai découvert ça sur eBay. Cela ressemble à un stylo, avec un petit disque à une extrémité ; la tige est télescopique, comme une antenne de voiture. Sa fonction officielle est de ramasser des boulons et des écrous quand ils tombent dans le moteur d'une voiture. Cela coûte entre trois et huit euros (cf. photo, avec les feutres et l'épingle à nourrice).

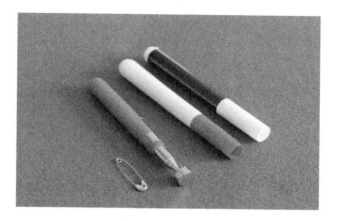

Les feutres

Les feutres Crayola qui changent de couleur semblent plus difficiles à trouver de nos jours. Il y a aussi beaucoup de versions chinoises qui ne sont pas aussi efficaces. Cependant, j'ai trouvé les feutres parfaits en Italie et en Allemagne. Les boîtes contiennent différentes couleurs, mais vous n'avez besoin que du feutre noir qui devient rouge quand le feutre blanc spécial est utilisé par-dessus. En ligne, vous pouvez acheter les marques Magic Markers, Fibra Markers ou Wizard Markers.

Certains ont un capuchon rouge sur le feutre noir pour indiquer la couleur de transformation ; si vous remplacez ce capuchon rouge par le capuchon blanc ou noir d'un autre feutre, votre feutre noir est parfaitement dissimulé.

Normalement, vous écrivez avec ce feutre sur un papier, et ensuite vous passez le feutre blanc spécial par-dessus, pour faire changer l'encre noire en rouge. Cependant, Richard Paddon a découvert que vous pouvez appliquer l'encre spéciale en premier et la laisser sécher ; ensuite, quand vous écrivez au feutre noir par-dessus, la transformation se produit quand même, au bout de quelques secondes. En conséquence, pour cette routine, le même feutre noir innocent (sans change ou modification) peut écrire en noir ou en rouge, en fonction du traitement de la surface.

Le ballon de plage

Ce fut une énorme révélation pour moi et je sais que ceux qui ont vu mes conférences ont été nombreux à adopter cette idée. Il existe un site appelé beachballs.com, sur lequel vous pouvez acheter des ballons de plage de couleur unie ou multicolore, et dans n'importe quelle taille. Ce ballon de plage est l'accessoire volumineux le plus facile à transporter à plat. Ils sont durables et les couleurs unies les rendent parfaits pour de nombreuses routines. Je m'en sers pour mon *chair test*[6] décrit dans *Influences mentales*. J'utilise les couleurs rouge, jaune, verte et bleue pour correspondre aux couleurs des chaises et c'est extrêmement visuel. Je les utilise aussi pour différentes routines de « Confabulation », y compris celle décrite ici. En Australie, le symbole du loto est une grosse boule rouge donc le ballon rouge est parfait pour

---

[6] Sean Taylor, « La salle du trône », *Influences mentales*, trad. fr. Vincent Hedan, 2013, p. 132. (NDT)

des effets basés sur le loto. Et ils ne coûtent vraiment pas cher, même en petite quantité. Bref, n'hésitez pas.

La prédiction

La pince Ostin est prête, avec le papier à l'extérieur. Vous devez maintenant mettre la pince Ostin dans le ballon de baudruche. Je ne vais pas vous mentir, ça n'est pas évident ; voici la méthode la plus facile que j'ai trouvée. Tenez la pince avec votre bouche (papier vers l'extérieur). Écartez l'ouverture du ballon avec vos deux mains (un peu comme si vous vouliez enfiler un bonnet de bain) et lâchez la pince Ostin à l'intérieur. Attention de ne pas percer le ballon avec les coins de la pince.

Gonflez ensuite le ballon et nouez-en l'extrémité, en laissant dépasser la bande élastique.

Prenez la tige magnétique. Fixez l'extrémité non magnétique à votre chaise ou à votre mallette, grâce à l'autre pince à dessin. Déployez la tige et suspendez la boucle de la bande élastique à l'extrémité magnétique de la tige. Enfin, collez l'épingle à nourrice sur l'aimant de la tige.

Les bandes de papier cartonné

Prenez la bande de papier cartonné la plus longue et la plus épaisse. Avec un feutre noir, divisez cette bande en cinq cases identiques, en traçant quatre lignes. Dans la case inférieure, utilisez le feutre noir pour écrire la date de livraison de la voiture.

Je choisis souvent un lundi après le week-end de la semaine en cours. Il faut que le public pense à cette date donc vous pouvez faire semblant d'avoir des difficultés avec la date exacte. Dans notre exemple, j'ai choisi le lundi 26 avril.

Prenez la bande de papier cartonné la moins longue et la moins épaisse. Pliez-la en forme de Z.

Le rabat inférieur est glissé sous la bande de papier cartonné la plus longue. Le bas de la bande longue est ainsi calé dans la bande courte pliée. Dans cette position, le tiers inférieur de la bande courte recouvre la case inférieure de la bande longue.

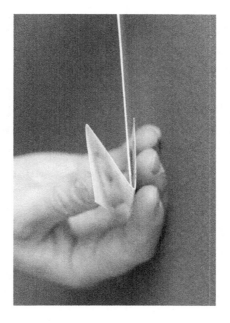

Si vous dépliez cette bande courte, vous comprenez que le tiers inférieur doit rester vierge ; c'est sur cette zone que vous écrirez pendant l'effet. Le texte qui précède la prédiction est écrit sur les deux tiers supérieurs de la bande courte. Une fois que vous avez écrit l'introduction de la prédiction au feutre rouge sur les deux tiers supérieurs, vous pouvez recouvrir le tiers inférieur de feutre blanc spécial. Vous pouvez vous aider en positionnant une lumière vers cette zone, afin de voir l'humidité temporaire de cette encre spéciale et ainsi voir si vous avez traité toute la zone. Vous devrez tester différents types de papier pour trouver celui qui vous convient. Certains brillent trop et n'absorbent pas assez ; certains sont comme des buvards et absorbent trop l'encre spéciale. Essayez différents types de papier pour trouver la meilleure marque dans votre région. Pour clarifier les explications, toutes mes photos montrent bien sûr uniquement de l'encre noire.

Les deux bandes pliées l'une dans l'autre peuvent être dans votre poche ou dans votre mallette, prêtes à être saisies pendant votre spectacle.

Le feutre noir changeant de couleur est dans une de vos poches. Le ballon de plage (gonflé) est à portée de main. Vous êtes prêt.

Présentation

« *J'ai besoin d'aide... Vous vous en doutiez dès que vous m'avez vu, n'est-ce pas ? Vous vous êtes dit : "Ce mec a besoin d'aide." Mais c'est vraiment le cas. Je dois acheter une nouvelle voiture pour ma femme et, partout où je vais, je vois de belles voitures, j'écoute le vendeur m'embobiner et, au bout d'une semaine, je suis perdu. Il y a l'ABS, l'ESP, l'USC et l'ALB. Il y a les GL, GLS, GLX, XL, GXL. Il y a les trois portes, quatre portes, cinq portes. Bref, vous voyez l'idée. C'est la confusion totale. J'ai eu une idée et j'y pense depuis quelques jours, mais j'ai besoin de votre aide à tous pour prendre la bonne décision.*

Voici ce que nous allons faire. Certains d'entre vous vont m'aider et je noterai vos suggestions pour voir où ça nous mène. »

Sortez les deux bandes de papier cartonné. Votre main gauche (si vous êtes droitier) tient le bas de la grande bande de papier, avec la petite bande de papier pliée et cachée par la paume gauche. Les lignes noires sur la grande bande de papier dissimulent parfaitement la jonction avec la zone visible de la petite bande de papier, et vous pouvez donc montrer le recto du papier quand vous écrivez.

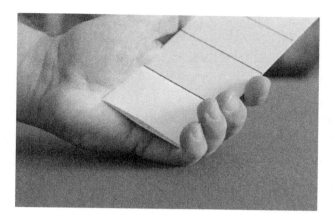

Sortez le ballon de plage et lancez-le dans le public.

« OK, si vous avez attrapé le ballon, veuillez vous lever s'il vous plaît. Parfait, bonsoir monsieur, quel est votre prénom ? Adam ? J'espère que vous vous y connaissez en voiture Adam. Je ne veux pas dépenser une fortune, donc les voitures de sport sont hors de question, mais j'ai juste besoin que vous me disiez quelle marque je devrais acheter. Mazda ? Excellent, écrivons ça. »

Vous écrivez clairement « Mazda » dans la première case en haut du papier cartonné et vous le montrez nonchalamment au public. Dites à Adam de jeter le ballon de plage à quelqu'un d'autre, qui se lève à son tour.

« Bonsoir, quel est votre prénom s'il vous plaît ? Boris ? J'espère que vous vous y connaissez en Mazda Boris, pouvez-vous me donner le modèle que vous pensez que je devrais acheter ? Une RX8 ? Parfait, merci pour votre aide, pouvez-vous lancer le ballon à quelqu'un d'autre s'il vous plaît ? »

Écrivez « RX8 » dans la deuxième case.

« Parfait, quel est votre prénom s'il vous plaît ? Claire ? Merci Claire, pouvez-vous me donner la couleur de la voiture ? Rouge ? Les voitures rouges roulent plus vite Claire, très bon choix, merci beaucoup, veuillez lancer le ballon à une dernière personne s'il vous plaît.

Monsieur, quel est votre prénom ? Denis ? Vous avez l'air d'un acheteur bien informé, le genre de personne qui pourra m'aider à faire baisser le prix auprès du vendeur. Combien pensez-vous que je devrais dépenser pour cette voiture Denis ? 23 000 dollars ? Parfait, je note ça Denis.

Bien, ils ne peuvent pas livrer la voiture immédiatement donc disons que la voiture sera livrée lundi prochain. Nous serons le lundi… 25 ou 26 ? 26 ? Oui, c'est ça, lundi 26 avril. »

Pendant que vous réfléchissez à la date et semblez avoir du mal à trouver le bon jour, vous écrivez « Mazda rouge, RX8, pour 23 000 $ » dans la case du bas, donc en fait sur la partie visible de la petite bande de papier.

C'est cette simple ruse qui permet à l'écriture double de ne pas être décelée par le public. Vous n'écrivez pas ailleurs sur le papier, vous n'écrivez pas deux fois chaque information, vous ne créez pas de temps mort suspicieux ; vous écrivez précisément à l'endroit et au moment où vous êtes supposé le faire ; plus tard, vous montrerez ce que vous avez écrit et ce sera exactement ce que vous avez dit avoir écrit.

« Denis, pouvez-vous me rapporter le ballon rouge s'il vous plaît, et me rejoindre sur scène ? »

Pendant qu'il monte sur scène, vous faites une des seules techniques de la routine. Vous tirez la grande bande de papier vers le haut puis vous la reposez sur la petite bande pliée qui est restée cachée dans la paume gauche.

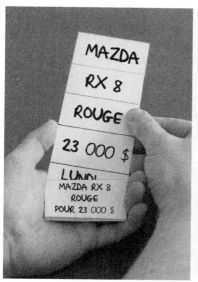 

Ce mouvement est tellement simple qu'il est automatique ; vous n'avez même pas besoin de regarder vos mains.

« Merci à notre super équipe de quatre volontaires de m'avoir aidé à choisir une voiture pour ma femme. »

Tournez la main gauche pour montrer ce qui est écrit sur la grande bande de papier, en récapitulant ce qui s'est passé. Si vous êtes devant un public nombreux, ils ne pourront pas voir clairement ce qui est écrit, mais votre action est ouverte et honnête, et la présence du spectateur à vos côtés rend tout ça très convaincant.

« Vous avez choisi une Mazda RX8 rouge pour 23 000 dollars, à livrer le lundi 26 avril. »

Curieusement, le fait que le public vous ait aidé avec la date permet de convaincre plusieurs d'entre eux que la date a également été choisie par le public. Vous renforcerez cette illusion quand vous récapitulerez les choix.

La main gauche pivote à nouveau paume vers vous, puis la main droite prend la grande bande de papier et la donne à Denis, tandis que la main gauche retombe le long de votre corps. La petite bande de papier (pliée en Z) est donc tenue à l'empalmage classique en main gauche.

Vous allez maintenant faire un pliage d'une seule main, en trois étapes rapides. Vous êtes déjà dans la position de départ. Vos doigts gauches se replient et plient en même temps un tiers du papier.

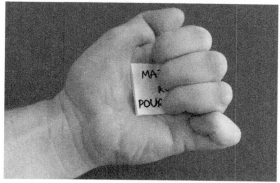

Le muscle de votre pouce gauche plie ensuite le tiers opposé.

Les doigts gauches appuient une dernière fois sur le tout, pour bien marquer ce pliage en trois et faire en sorte que ce papier plié ressemble à celui dépassant de la pince Ostin.

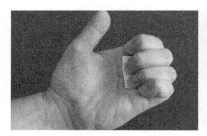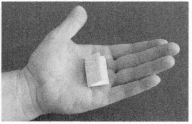

Prenez la tige magnétique par sa poignée et confiez-la à Denis.

« J'avais l'image de la voiture idéale dans ma tête toute la journée, d'ailleurs la voici. Vous pouvez voir mon idée suspendue au milieu. »

Prenez l'épingle à nourrice sur l'aimant et confiez-la à Denis.

« Denis, à vous l'honneur. J'aimerais vous montrer mon idée. »

Il éclate le ballon et il se retrouve à tenir une tige d'où pend une bande élastique à laquelle est accrochée la pince Ostin ; le tout ressemble à une canne à pêche.

Vos deux mains s'approchent de la pince Ostin ; la main droite (vide) par au-dessus et la main gauche (avec l'empalmage, dos vers le public) par en dessous.

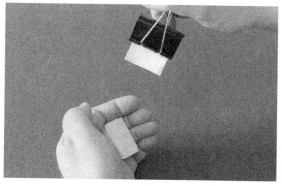

La main droite saisit la poignée de la pince. Quand vous appuyez dessus pour ouvrir la pince, elle « avale » instantanément le faux papier ; au même moment, la main gauche pivote paume vers le haut d'un coup sec, et ouvre les doigts. (L'action est similaire à la *Flying shuttle pass* de Jay Sankey.) L'illusion que le papier est tombé de la pince vers votre main gauche est très convaincante.

J'utilise ensuite une subtilité d'Al Koran. J'ouvre à nouveau la pince et je replace le vrai papier dans la mâchoire de la pince. Plus tard, le spectateur se souviendra avoir retiré le papier lui-même.

Reprenez la tige magnétique des mains de Denis, en la tenant par la poignée. Tendez la pince suspendue dans sa direction et dites : « *D'ailleurs, prenez-la vous-même Denis. Puis approchez-vous du microphone et lisez ce que j'avais écrit à l'avance sur ce papier.* »

Il lit : « *Bonjour, c'est Sean Taylor. Merci pour votre aide l'autre jour. J'ai choisi une voiture pour ma femme, veuillez me la livrer le lundi 26 avril, il s'agit d'une Mazda RX8 rouge, pour 23 000 dollars.* »

Si la couleur choisie pour la voiture est le rouge (ce qui arrive beaucoup plus souvent qu'on pourrait le croire), je fais un commentaire à ce sujet : « *J'étais tellement sûr que vous choisiriez une voiture rouge que j'ai même écrit ma commande à l'encre rouge.* »

Je reprends les papiers des mains de Denis et je les montre au public, avant de les lui rendre, de lui serrer la main, de le remercier pour son aide et de le faire quitter la scène. Comme vous lui laissez tous les papiers à la fin, cela rend la méthode très convaincante et trompeuse.

Dans les versions utilisant du papier carbone, j'étais toujours embêté par l'aspect de l'écriture dupliquée ; cela ressemblait vraiment à une écriture au carbone (même si je doute qu'aucune personne de moins de quarante ans ne le remarquerait aujourd'hui !).

C'était donc la routine et méthode de base qui ont lancé ce projet. Pendant des mois, je n'ai fait que ça, puis j'ai commencé à jouer avec différentes variantes pour des évènements spécifiques, ainsi qu'à expérimenter différentes façons de gérer le final.

Et si je n'aime pas le ballon ?

J'adore le visuel du ballon et la métaphore de l'idée suspendue à l'intérieur de votre tête. J'ai eu de nombreuses discussions à ce propos avec d'autres mentalistes, et certains pensent que cela ressemble trop à un accessoire de magie.

L'aimant de la tige magnétique peut maintenir la pince Ostin en place. Vous pouvez donc coller la pince sur la tige et confier le tout au spectateur. La tige télescopique place la pince à une distance suffisante du spectateur pour que le trucage soit invisible. Les fois où j'étais pressé et que je n'avais pas le temps de préparer le ballon, cela fonctionnait très bien.

Sinon, John Kennedy a une boîte mystère avec un papier à la place de la carte à jouer. J'en possède une et c'est parfait si vous voulez présenter l'effet en close-up. D'autres versions de la « carte dans la boîte » remplissent la même fonction : la *Clarity box* de David Regal, la *Destination box* de Jon Allen, ainsi que les créations de David Penn, Mark Southworth, et Wayne Dobson peuvent toutes être utilisées pour révéler le papier à la fin de la routine.

Et si je ne veux pas plier la prédiction en petit ?

Vous pouvez très facilement garder la prédiction à l'empalmage puis l'insérer dans un portefeuille. Les actions que je décris dans la routine vous permettent d'avoir la prédiction à l'empalmage puis de la charger dans un portefeuille spécial dans votre poche. J'utilise le *Plus Wallet* de Jerry O'Connell, avec les enveloppes de Dave Bonsall. Dave est devenu le propriétaire de la gamme O'Connell donc vous pouvez le contacter à Prop Dog et vous procurer tous les accessoires nécessaires. En confiant la grande bande de papier au spectateur avec votre main droite, votre main gauche va directement dans votre veste et charge la prédiction directement dans le portefeuille que vous sortez ensuite de votre poche. Il ne vous reste plus qu'à ouvrir la fermeture éclair du portefeuille et d'en sortir l'enveloppe scellée. Ce final a énormément d'impact.

Permettez-moi aussi de recommander *PET*, un accessoire ingénieux créé par Richard Pinner. *PET* est l'acronyme de *Plastic Envelope Thingy*[7] et il a la taille parfaite pour cet effet. Placez *PET* dans votre poche de pantalon et vous pouvez le charger comme un portefeuille à la carte. Richard vous fournit deux modèles : un noir et un transparent. Quand vous sortez l'enveloppe *PET* de votre poche, vous l'ouvrez et vous en sortez une enveloppe rouge « porte-bonheur » comme celles utilisées pour offrir de l'argent au Nouvel An chinois ou aux mariages. Vous déchirez l'enveloppe pour l'ouvrir et vous confiez le tout au spectateur. Il peut alors en sortir la prédiction et garder le papier de la prédiction, l'enveloppe, et la grande bande de papier. *PET* coûte environ quarante dollars pour deux modèles et c'est une très bonne affaire.

---

[7] « Enveloppe Bidule en Plastique », en français. (NDT)

Et si je ne trouve pas de feutres changeant de couleur ?

Pas de souci, utilisez simplement un Sharpie ou un feutre épais pour toute la routine. La prédiction sera donc aussi écrite en noir mais l'effet reste tout aussi net et impressionnant. Je n'ai pas toujours les feutres changeant de couleur sur moi donc ça n'est pas essentiel.

Et si je veux prédire autre chose qu'une voiture ?

Pas de souci. En réalité, vous pouvez prédire à peu près n'importe quoi. Si vous réfléchissez à la structure de l'effet, vous avez juste besoin d'une information connue pour gérer le moment de la double écriture. En général, j'utilise la date car elle peut être déterminée à l'avance et elle vous permet de faire semblant de chercher, comme décrit précédemment.

J'ai parfois écrit mon prénom puis ajouté ma signature. Je fais une petite blague sur le fait que ma signature est illisible.

Une autre astuce que j'ai utilisée consiste à récupérer à l'avance le prénom d'une ou deux personnes que je ne pouvais pas connaître. De cette façon, quand j'écris le prénom, je peux même demander l'orthographe correcte, alors que le prénom était déjà écrit à l'avance.

Si vous possédez une information fixe, vous pouvez l'utiliser à la place de la date.

Par exemple, un jour j'ai fait une prestation pour Mazda. La marque de la voiture va alors évidemment être une Mazda, donc cela devient votre information écrite à l'avance. Mazda avait leurs propres ballons de baudruche, leurs propres ballons de plage et même des casquettes offertes aux personnes présentes. J'ai donc choisi un jeune spectateur et, à la fin, je lui ai offert le ballon de plage et la casquette, en plus de la prédiction. J'avais aussi placé la pince Ostin dans un ballon de baudruche Mazda.

Les clients d'entreprise adorent ce genre de choses. Cela donne l'impression que vous utilisez tout ce qu'ils fournissent pour créer des effets inoubliables, donc j'essaye de le faire autant que possible. Au fil des années, j'ai créé des effets de mentalisme avec des photocopieurs, des imprimantes, des machines à laver, des chocolats, des outils de bricolage, des téléphones portables, des emballages alimentaires, des photographies, des trophées et des prix de récompense, des voitures miniatures et des voitures de taille réelle, des catalogues, des livres et des magazines. Il suffit d'un peu d'effort pour penser à des mots, des images et des chiffres associés aux produits de vos clients et vous permettant de présenter les effets que vous avez déjà dans votre répertoire. Une fois j'ai même utilisé une vraie pelle de jardin !

Ce dernier paragraphe est l'un des vrais secrets de ce livre. Utilisez-le à bon escient et vous en serez largement récompensé.

Loto de collection

J'ai utilisé cette méthode à de nombreuses reprises pour présenter un fantastique effet de prédiction du loto. J'utilise les enveloppes Bonsall, en écrivant à l'extérieur : « *Numéros du loto du samedi 1er mai.* » Puis je prépare l'enveloppe dans le portefeuille. Sur une grande bande de papier cartonné, je crée six cases.

Pendant le spectacle, je remplis les cinq premières cases du papier avec cinq numéros choisis librement. Ensuite, en faisant semblant d'écrire la date dans la dernière case, je réécris les cinq numéros sur la partie visible de la petite bande de papier (comme pour la prédiction de la voiture).

Sur les deux tiers supérieurs de la prédiction, j'écris a l'avance le texte suivant :

« *Merci encore d'avoir surveillé mes numéros du loto en mon absence. Ce sont les cinq numéros du loto du samedi 1er mai.* »

Voici une justification excellente pour écrire les numéros ; c'est la nouvelle version que j'utilise maintenant.

Vous aurez besoin d'un petit carnet ; le carnet que j'utilise a un format de six centimètres sur quinze, avec une reliure sur le grand côté. Sur chaque page, tracez des lignes pour créer les mêmes cases que décrit précédemment.

Remplissez ensuite toutes les cases des premières pages du carnet (environ un quart du carnet) avec des numéros. Pour renforcer la crédibilité de votre présentation, écrivez des numéros comme 7, 13 ou 25, qui ont de grandes chances d'être choisis. Faites en sorte que vos numéros couvrent bien l'éventail de choix, et essayez de vous familiariser avec leurs positions dans le carnet. Comme avec la grande bande de papier, écrivez des dates différentes dans la dernière case de chaque page.

Préparez ensuite la prédiction pliée en trois et calez-la sur le bas de la première page vierge de votre carnet, par-dessus la date déjà écrite en bas de cette page. Personnellement, je préfère utiliser une page de gauche, j'ai plus de facilité à voler la prédiction de ce côté-là.

Vous verrez que la prédiction pliée est parfaitement camouflée dans le carnet et qu'elle ne risque pas de tomber. Vous pouvez la charger longtemps à l'avance ; si vous placez un élastique autour de votre carnet, tout tient en place et vous pouvez laisser le tout dans votre mallette, prêt à être utilisé.

Votre présentation va évoquer l'idée suivante : bien que nous ayons le choix parmi une cinquantaine de numéros, nous avons nos habitudes et nous choisissons toujours les mêmes numéros encore et encore.

Cinq participants sont choisis ; chacun est invité à penser à un numéro, à se concentrer dessus et à ne plus changer d'avis.

« *On me demande souvent si je peux prédire ce que les gens vont dire. Clairement, il est impossible de lire vos pensées si elles ne vous ont pas encore traversé l'esprit. Ce que je peux vous dire, c'est qu'il y a un facteur de chance, combiné avec un langage persuasif.* [Regardez le premier spectateur et souriez d'un air ironique.] *Vous ne l'avez peut-être pas remarqué. J'étudie aussi le langage corporel, j'utilise mon intuition et j'ajoute quelques suppositions informées. Je vais vous montrer. Dites votre numéro à voix haute et je le noterai dans ce petit carnet.* »

Ouvrez le carnet et montrez qu'il contient des numéros, puis tournez les pages jusqu'à la première page vierge. Vous notez les numéros donnés par les spectateurs.

« Monsieur, quel est votre numéro ? 27 ? Qu'est-ce qui vous a fait penser à 27 ? [Le spectateur répond.] Vraiment ? Je vois. Vous pensiez probablement que c'était un numéro au hasard, mais vous seriez surpris de voir la fréquence à laquelle le numéro 27 est choisi. D'ailleurs, je crois que... oui, c'est ça... le voici sur cette page, choisi il y a deux semaines pendant un spectacle que je faisais en ville, et le voici encore sur cet autre page datant de la semaine dernière. Vous pensiez peut-être que vos pensées étaient vraiment aléatoires. Cela vous a semblé aléatoire ? Vraiment ? Vous voyez, c'est un exemple parfait. J'étais sûr que quelqu'un choisirait le 27 ce soir. »

Je continue ainsi jusqu'à avoir noté les numéros de tous les spectateurs, en les commentant de temps en temps. Puis je vérifie la date et je fais semblant de l'écrire dans la dernière case ; comme décrit précédemment, j'écris en fait les numéros du loto sur la partie visible de la prédiction. Je vole ce papier du carnet et je peux montrer que j'avais prédit ce tirage du loto dans le ballon, ou le portefeuille, etc.

Autres applications

Vacances

Des vacances de rêves peuvent remplacer le choix d'une voiture. Le fonctionnement reste le même. Le public choisit un pays, une destination, un budget et un partenaire de voyage ; la date de départ remplace la date de livraison de la voiture.

Premier rendez-vous

Comme l'a fait David Copperfield, vous pouvez présenter cela comme un rendez-vous de rêve, en choisissant le nom du restaurant, le menu, les boissons, la personne qui vous accompagne. La date du rendez-vous remplace la date de livraison de la voiture.

Prédiction sportive

J'ai mentionné le fait que j'avais présenté cet effet pour un club de football. Dans un magasin d'accessoires de fêtes, j'ai trouvé des ballons de baudruche imitant des ballons de football ; j'en ai utilisé un pour contenir la pince Ostin. J'ai aussi trouvé un ballon de plage ressemblant à un ballon de football. Ma présentation consistait à créer un match fictif.

Pour la prédiction, j'avais prévu quatre cases sur la grande bande de papier. Dans la première case, j'ai noté le nom choisi pour la première équipe (« Kilmarnock »... la faute d'un Ecossais présent ce jour-là). Dans la deuxième case, j'ai noté le nom de la deuxième équipe (« Newcastle »). Le score du match fut écrit dans la troisième case, et la date du match dans la quatrième case.

Ma prédiction finale était : « *J'imagine un match fictif se déroulant le samedi 12 février. Dans mon esprit, je visualise le score final, Kilmarnock 10, Newcastle 0.* »

La même approche fonctionne pour presque n'importe quel sport. Vous pourriez avoir une course de chevaux où le public nomme les trois premiers chevaux à passer la ligne d'arrivée. Dans ce cas, je pense que je ferai volontairement une petite erreur sur le nom d'un des chevaux, pour ajouter un peu de réalisme.

Réflexions finales

J'espère que vous éviterez de présenter la même routine à chaque fois et que vous comprendrez l'incroyable éventail de possibilités qui s'offre à vous. Cette routine fait partie de mon répertoire professionnel, sous une forme ou sous une autre, depuis environ dix ans. Les éléments personnalisables que permet cette routine sont ce qui lui donne toute sa valeur. En présentant cet effet puis mon « Magazine gonflé à bloc » (décrit plus loin dans ce livre) et en les adaptant à mon client, cela représente environ quinze minutes dans mon numéro d'une heure, mais ce sont les deux effets dont les clients se souviennent longtemps après l'évènement.

Si vous avez le moindre souci à trouver les accessoires listés ici, n'hésitez pas à m'envoyer un email. Cependant, eBay, Google et Amazon sont d'excellentes ressources. Tant de gadgets comme la tige magnétique peuvent être utilisés dans notre domaine, donc parcourez ce genre de sites pour y trouver les merveilles qui attendent d'être exploitées.

GIGOGNE MENTALE

Ce que le public voit

Un membre du public rejoint le mentaliste et reçoit un jeu de cartes imaginaire. Le spectateur est invité à utiliser son imagination pour sortir le jeu de l'étui, mélanger les cartes et en sortir une carte. La carte imaginaire est placée dans une petite enveloppe noire imaginaire, laquelle est ensuite placée dans une enveloppe rouge et vide tenue par le mentaliste. Après quelques instants, l'enveloppe rouge est ouverte : elle contient une petite enveloppe noire. Cette enveloppe noire est ouverte : elle contient une carte unique. Cette carte est précisément celle nommée par le spectateur.

Si c'était une publicité pour un tour de magie, j'ajouterais qu'il n'y a aucun forçage et aucune restriction de choix. Le spectateur peut vraiment nommer n'importe quelle carte, et il nomme littéralement n'importe quelle carte. La carte finale peut être montrée recto verso, et elle n'a pas de double index.

Historique

L'effet classique d'une carte nommée dans une enveloppe (ou portefeuille) a été traité et réimaginé des dizaines de fois. Paul Curry a une version astucieuse ; Marc Oberon a une méthode géniale, intitulée *Bang on*. La plupart des versions récentes, y compris celles de Paul Harris et Mark Elsdon, exploitent des façons astucieuses de limiter le choix, ou des portefeuilles truqués et enveloppes ingénieuses permettant d'avoir des sorties multiples. J'aime toutes les versions que j'ai mentionnées ci-dessus ; j'en possède la plupart et je les ai utilisées dans mes prestations. Il existe même une version par Rich Bloch, où n'importe quelle carte est chargée dans une enveloppe, grâce à une table spéciale (si vous avez deux ou trois milliers d'euros et que vous êtes prêt à vous trimballer la table et tout le matériel).

Une de mes versions préférées s'intitule « Invisible cards and envelopes », publiée par Alan Shaxon en 1976, dans son livre *Practical sorcery*. Mark Leveridge a revisité la version d'Alan en utilisant un petit paquet d'enveloppes pour chaque famille de cartes ; j'aime bien son approche. J'ai vu Mark présenter ça plusieurs fois en conférence, c'est une version très nette, avec des détails ingénieux. Vous pouvez la découvrir dans ses notes de conférence. Mark en est arrivé à la même conclusion que moi : sept enveloppes cachées dans différentes poches, c'est peut-être trop pour présenter un seul effet. Il y a aussi un peu d'effort de mémoire si vous ne l'avez pas présenté depuis quelque temps.

Je suis fasciné par la pureté de prendre un accessoire unique, qui ne peut clairement pas contenir cinquante-deux cartes, et de continuer avec, jusqu'au final impossible. Quand j'ai commencé à réfléchir sérieusement à cet effet, j'ai envisagé de mettre les enveloppes dans autre chose, comme un sac ou une boîte. J'ai passé du temps à concevoir une boîte qui relâcherait une enveloppe parmi treize (une enveloppe pour chaque valeur) et j'ai presque abouti à quelque chose de satisfaisant, à tel point que je publierai peut-être un jour cette création, si je vois que c'est une solution viable en conditions réelles. La boîte n'était pas montrée vide au début mais, à la fin, il était évident pour le public qu'elle ne pouvait contenir qu'une seule enveloppe.

J'ai fini par adopter la version que vous allez lire ici, elle s'est avérée très efficace pour moi. En adaptant le design original de l'enveloppe d'Alan à des tailles d'enveloppes modernes, je peux maintenant rentrer trois enveloppes plus petites à l'intérieur (au lieu de deux) ; cela semble être une différence minime, mais cela fait toute la différence. La dernière étape fut d'utiliser les cartes fines fabriquées par Card Shark en Allemagne. Enfin, comme vous n'utilisez plus qu'une seule poche, vous obtenez un effet pratique, efficace et commercial. Je dois d'ailleurs mentionner que la version de Paul Harris utilise également des cartes fines ; en réalité, si on remonte plusieurs années en arrière, à la version de Supreme Magic avec un portefeuille (intitulé, je crois, *Thought explosion wallet*), les cartes fines ont souvent été utilisées pour simplifier cet effet.

En tant que professionnel, vous serez ravi : vous n'avez que quatre enveloppes fines dans une seule poche, vous n'avez besoin de rien ajouter ou retirer, vous n'avez aucune technique à faire, et vous avez un effet fort, qui dure cinq minutes et qui peut être présenté devant n'importe quelle taille de public et dans n'importe quelles conditions. Du mentalisme commercial par excellence. (D'ailleurs, j'ai souvent cet effet prêt à être présenté en cas d'urgence, si je dois meubler un peu ou modifier mon programme en cours de route ; cela en fait donc le numéro idéal pour un présentateur de gala.)

J'aimerais remercier Richard Paddon pour m'avoir encouragé à publier cette routine. J'ai longtemps pensé à la garder secrète, mais je pense que c'est le genre d'effets qui finit par fuiter, qu'il ait été publié ou pas…

Matériel nécessaire

Huit enveloppes postales classiques, telles que décrites dans les effets précédents : rabat triangulaire sur le grand côté, fermeture à lécher. Vous déchirerez deux enveloppes à chaque fois que vous présentez l'effet donc je vous conseille de tester différentes marques puis d'acheter votre stock pour toute l'année. J'utilise des enveloppes de couleur rouge, vous comprendrez pourquoi en lisant ma présentation dans un instant.

Vingt-six enveloppes pouvant contenir une carte à jouer format poker ; j'utilise les petites enveloppes noires que vous verrez dans les photos. Elles ont le même design que les enveloppes postales classiques et sont très légèrement plus grandes qu'une carte à jouer. Elles se trouvent facilement sur Internet.

Un jeu de cartes *Double Decker*. Vous pouvez vous procurer ce jeu auprès de Card Shark directement, ou dans votre magasin de magie préféré. J'achète le paquet contenant deux jeux complets à dos rouge dans le même étui, ce qui me permet de préparer un double de l'effet et de le partager avec un ami.

Préparation

Enveloppes postales

Vous allez préparer quatre enveloppes spéciales. Prenez une première enveloppe, coupez les trois côtés sans rabat, sur environ deux ou trois millimètres. Quand vous avez pris le coup de main, découpez trois autres enveloppes de la même façon. Chaque enveloppe coupée vous donne deux morceaux : un morceau avec le rabat et le côté adresse, un

morceau avec le côté fermeture. Gardez les morceaux
« rabat » et jetez les morceaux « fermeture ».

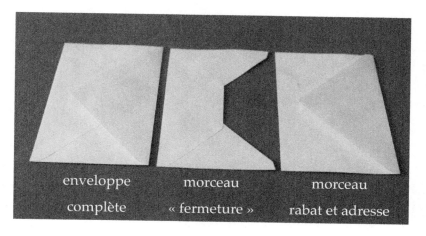

enveloppe   morceau   morceau
complète   « fermeture »   rabat et adresse

Glissez le morceau « rabat » et insérez-le dans une
enveloppe postale non découpée.

Vous obtenez une enveloppe avec deux rabats.

Enfin, vous devez couper une petite quantité de papier, le long du bord droit du rabat intérieur. Cela vous permettra d'ouvrir facilement l'enveloppe au moment du final. Une de ces quatre enveloppes spéciales sera détruite à chaque fois, donc je vous conseille d'en préparer plusieurs à l'avance. Je m'en fabrique toujours un stock important qui me dure longtemps. Gardez quelques enveloppes de rechange dans votre mallette, cela peut vous sauver la vie en cas d'urgence.

Petites enveloppes

Vous allez fabriquer treize enveloppes doubles. Prenez treize enveloppes et découpez les quatre bords sur environ deux millimètres ; testez la bonne taille de coupe sur une enveloppe puis répétez la préparation pour les autres. Gardez uniquement le côté « adresse » rectangulaire et jetez le reste. Ce morceau rectangulaire va créer une cloison parfaite que vous glissez dans une petite enveloppe non découpée. Créez ainsi treize petites enveloppes avec une cloison secrète.

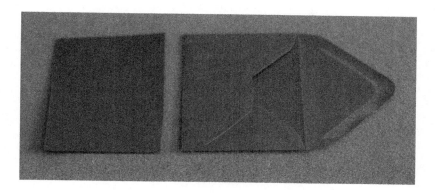

Charger les petites enveloppes

Vous allez organiser les cinquante-deux cartes de votre *Double Decker* dans les treize enveloppes. Les as vont dans la première enveloppe, les 2 vont dans la deuxième, et ainsi de suite, en plaçant les quatre cartes d'une même valeur dans la même enveloppe.

Personnellement, j'arrange les cartes faces en bas, dans l'ordre Coeur Carreau Trèfle Pique, mais bien sûr vous êtes libre d'ordonner les familles comme vous le souhaitez. Je place les rouges au-dessus de la cloison, et les cartes noires sous la cloison. Quand les cartes sont dans les enveloppes, vous verrez que l'illusion d'une carte unique est très convaincante, même de près.

Fermez l'enveloppe en rabattant le rabat mais ne collez pas les enveloppes. J'utilise ensuite un crayon pour marquer la valeur sur chaque enveloppe, au même endroit.

Charger les enveloppes postales

Vous allez placer trois petites enveloppes noires derrière la cloison de chaque enveloppe postale, sauf pour la première enveloppe postale.

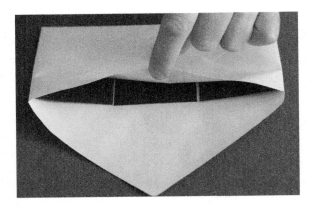

Dans la première enveloppe postale, placez quatre petites enveloppes noires derrière la cloison. Pour cela, prenez la première enveloppe postale et insérez les petites enveloppes noires contenant les as, les 2 et les 3, de gauche à droite ; elles sont donc côte à côte sous la cloison. Quand c'est fait, ajoutez la petite enveloppe noire contenant les 4 par-dessus les trois premières, en la tournant sur le côté.

Dans la deuxième enveloppe postale, insérez les petites enveloppes noires contenant les 5, les 6 et les 7. Dans la troisième enveloppe postale, insérez les petites enveloppes noires contenant les 8, les 9 et les 10. Dans la quatrième enveloppe postale, insérez les petites enveloppes noires contenant les valets, les dames et les rois.

Marquez chacune des enveloppes postales quand vous les chargez. Je préfère les marquer dans ce qui sera le coin supérieur gauche, une fois qu'elles seront dans ma poche de veste. Sur la première enveloppe postale, marquez le numéro 4 ; sur la deuxième enveloppe postale, marquez le numéro 7 ; sur la troisième enveloppe postale, marquez le numéro 10 ; sur la quatrième enveloppe postale, marquez la lettre K ou R (pour King ou Roi).

Vous pouvez maintenant coller les deux rabats de chaque enveloppe postale ensemble. Léchez le bout du rabat extérieur sur environ deux centimètres de chaque côté et collez-le sur le rabat intérieur.

Enfin, fermez les quatre enveloppes postales en rabattant le double rabat à l'intérieur, sans les coller.

Vous obtenez ainsi quatre enveloppes que vous pouvez ouvrir pour montrer qu'elles sont vides ; le public n'en verra qu'une seule.

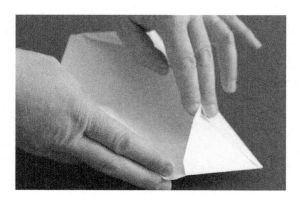

Une fois que tout est prêt, placez les enveloppes dans votre poche intérieure de veste, dans l'ordre croissant et avec le numéro 4 contre vous, pour vous souvenir de leurs positions. L'épaisseur totale de ce paquet correspond à celle d'un jeu de cartes donc cela tient facilement dans la poche.

Présentation

J'aime commencer en sortant une des enveloppes de ma poche tôt dans le spectacle (avant de présenter la routine), pour la montrer et renforcer l'idée qu'il y a une enveloppe unique dans une poche unique. En général, je sors l'enveloppe Roi, la plus éloignée de moi ; elle est plus facile à saisir et à ranger une fois que je l'ai montrée.

« *Au premier siècle, les Romains commencèrent à publier des calendriers décoratifs. Quand quelque chose de spécial allait se produire, ils coloraient ce jour en rouge dans le calendrier. Deux mille ans plus tard, nous marquons toujours les jours importants et les vacances en rouge dans le calendrier. Aujourd'hui est un jour important. Pour le prouver, j'ai marqué le coup avec cette enveloppe rouge, n'oubliez pas que je vous en ai parlé.* »

Plus tard dans le spectacle, je commence la routine à proprement parler.

« *Quand j'ai commencé à me produire sur scène, je lisais les mêmes livres et j'apprenais les mêmes tours que tout le monde. Je n'avais rien d'unique ou de spécifique ; en fait, je faisais souvent semblant d'être quelqu'un d'autre. Mon mentor était un vieux magicien et il me donna le conseil suivant. Si je voulais réussir, je devais imaginer quelque chose de nouveau, quelque chose de spécial. Je devais plonger dans mon imagination pour penser à une chose à laquelle personne d'autre n'avait pensé et, quand j'aurais fait ça, je devrais travailler dur pour arriver à concrétiser cette* » *chose. Ce fut un jour spécial pour moi. En fait, c'est un jour que j'ai marqué en rouge sur mon calendrier.*

Je cherche une personne dotée d'une bonne imagination. Pourquoi pas... vous, voulez-vous bien me rejoindre ? »

Je choisis souvent une femme pour cet effet.

Dans ses conférences et ses publications, Eugene Burger conseille souvent de dire au public que ce qu'ils vont voir est une chose qui a demandé du temps et des efforts, et qu'il ne s'agit pas juste d'un truc acheté dans un magasin de magie. Il donne l'exemple d'un effet sur lequel vous avez travaillé pendant huit ans, comparé à un effet que vous avez lu la semaine dernière. J'aime aussi l'idée de lever un peu le voile sur notre profession. J'ai vraiment eu un mentor et il m'a vraiment conseillé donc, bien que mon histoire soit une combinaison de faits altérés pour ma présentation, cela vient vraiment du cœur et cela me permet d'avoir l'air authentique quand je fais ce que je fais. Cela peut vous sembler prétentieux, mais essayez de rendre votre texte réel et personnel, quand c'est possible. Vous aurez remarqué que, malgré le fait que je n'ai pas mentionné l'effet en lui-même dans mon texte d'introduction, j'ai combiné l'anecdote des jours marqués en rouge et l'enveloppe de couleur rouge au début du spectacle ; de plus, je semble avoir choisi mon spectateur avec précaution dans le public. Tous ces éléments contribuent à attiser la curiosité du public.

« Quel est votre prénom s'il vous plaît ? Alice, ravi de vous rencontrer. Et donc vous pensez avoir une bonne imagination ? Bien, car cela va jouer un rôle important. Je veux que vous imaginiez un jeu de cartes Alice, un jeu de qualité, comme ceux

qu'on utilise dans les casinos. Si cela vous aide, nous pouvons même imaginer que je le tiens juste là et que je vous le confie. »

Vous pouvez insérer ici vos blagues préférées de « Jeu invisible » (par exemple, les gags de Don Alan), si cela convient à votre style.

« Ce jeu de cartes a déjà été utilisé et les jokers ont été retirés, donc il contient cinquante-deux cartes, c'est tout. J'aimerais que vous utilisiez votre imagination Alice et que vous parcouriez les cartes, chaque famille et chaque valeur, jusqu'à ce que vous vous arrêtiez sur une carte particulière. Je peux déjà vous dire que j'ai l'impression que vous allez peut-être choisir la dame de cœur. »

Je devine parfois juste avec cette dernière phrase, ce qui fait rire la spectatrice. Je marque une pause de deux secondes et, si elle ne réagit pas à la dernière phrase, je continue.

« Ou l'as de pique. »

Si elle réagit à une de ces deux cartes, cela ressemble à de la vraie lecture de pensée ; c'est la raison pour laquelle je tente le coup.

Si elle pense à une de ces deux cartes, continuez ainsi : « C'est ce que je pensais, dès que je vous ai regardé dans les yeux Alice, c'était parfaitement clair. Pour que cela fonctionne Alice, je ne veux pas que vous choisissiez une carte évidente, donc oubliez votre premier choix et prenez quelque chose d'un peu plus inhabituel. »

Si elle ne pense pas à une de ces deux cartes, continuez ainsi : « Je ne veux pas que vous choisissiez une carte évidente, donc prenez quelque chose d'un peu plus inhabituel. Vous avez une carte en tête ? Imaginez-vous en train de la sortir du jeu, et laissez les cinquante et une autres cartes tomber par terre. Tenez votre carte imaginaire devant votre visage et fixez-la du regard, en l'ancrant profondément dans votre imagination. Quelle carte *visualisez-vous Alice ? Le 9 de carreau ? Continuez à la fixer dans votre imagination. »*

Vous sortez alors la bonne enveloppe rouge. Dans notre exemple, c'est celle marquée du numéro 10 (elle contient les valeurs 8, 9 et 10).

« C'est un jour important Alice, marqué de cette enveloppe rouge. Vous vous souvenez de mon enveloppe ? Elle contient le fruit de votre imagination. »

Ouvrez l'enveloppe et montrez qu'elle est vide. Faites semblant d'en sortir une petite enveloppe invisible.

« Alice, cette enveloppe rouge contient une petite enveloppe noire imaginaire. Veuillez la prendre et y placer votre 9 de carreau imaginaire. Quand c'est fait, lâchez la petite enveloppe noire dans l'enveloppe rouge et je fermerai le tout pour sceller votre choix. »

Je montre l'enveloppe vide du mieux possible ; par précaution, mes doigts maintiennent le bord du double rabat.

Je lèche ensuite l'enveloppe pour la coller, puis je demande à Alice de tendre sa main paume vers le haut et je pose l'enveloppe sur sa main. Il y a deux raisons pour cela. Premièrement, cela souligne la finesse de l'enveloppe. Deuxièmement, cela permet au public de se souvenir que la spectatrice a tenu l'enveloppe rouge ; avec un peu de chance, certains spectateurs se souviendront qu'elle l'a ouverte elle-même. Troisièmement, la spectatrice peut sentir que l'enveloppe est légère, renforçant encore l'idée qu'elle ne peut pas contenu un jeu de cartes entier.

Je récapitule alors ce qui s'est passé jusque-là.

« Alice, je vous ai fait monter sur scène aujourd'hui car, comme moi, vous avez une imagination débordante. Votre rôle était important : vous deviez imaginer une carte unique. N'importe quelle carte dans le jeu. Vous avez porté votre choix sur cette carte et vous l'avez ancrée profondément dans votre imagination. Alice, mon rôle est d'aller un peu plus loin. »

Je reprends l'enveloppe rouge.

« Mon rôle est de rendre l'imaginaire réel. De faire en sorte que cette petite enveloppe noire imaginaire devienne bien réelle, ... »

J'ouvre l'enveloppe rouge et j'en sors la bonne enveloppe noire. Je me débarrasse de l'enveloppe rouge dans ma mallette, tout en tenant la petite enveloppe noire et en attirant l'attention sur elle.

J'ouvre alors la petite enveloppe noire et je place mon index sous les deux cartes se trouvant au-dessus de la cloison.

« ... de faire en sorte qu'une carte imaginaire se trouve réellement dans cette petite enveloppe noire, ... »

Je tourne l'enveloppe pour lui montrer la carte (en fait deux cartes) à l'intérieur.

« … *et enfin, de faire en sorte que cette carte imaginaire devienne bien réelle. Je sais que si cette carte est la vôtre, si c'est bien le 9 de carreau, je sais que vous serez d'accord pour dire qu'aujourd'hui est bien un jour spécial.* »

Je tourne à nouveau l'enveloppe vers moi et, grâce à l'extrémité de mon index et de mon pouce, je sors le 9 de carreau de la petite enveloppe noire pour montrer la carte au public.

Pour renforcer l'idée d'une carte unique dans l'enveloppe, je tourne la face de la carte vers moi et je l'insère partiellement dans l'enveloppe, recouvrant ainsi le reste du contenu de l'enveloppe. Je peux alors retourner le tout face vers le public pendant les applaudissements.

Catastrophe dans la 4e dimension

« Fourth dimensional telepathy » (ou « Mental epic ») est un effet avec lequel j'ai joué pendant des années, en tant que magicien puis en tant que mentaliste. La version décrite ici se présente sur un ton léger et comique, c'est parfait pour mon style de magie. Bien qu'elle ait fait partie de mon répertoire de magie, cela fonctionne tout aussi bien si vous le présentez comme du mentalisme pur. Ma version fut publiée pour la première fois dans *Mental epic compendium* de Paul Romhany, une excellente compilation de ce genre d'effets.

L'idée originale pour cet effet nous vient du magicien et créateur américain Timothy Wenk. Sa version nécessitait uniquement un calepin à dessin et était plus pratique pour un numéro de magie. Si vous ne voulez pas utiliser les enveloppes de ma version, je vous encourage à étudier la création de Wenk. En plus des modifications que j'ai apportées, j'ai fait un compromis sur la simplicité, pour pouvoir ajouter deux éléments cruciaux. Vous n'avez plus besoin du forçage, et je vous donne une méthode astucieuse pour récupérer l'information nécessaire. Je pense que les mentalistes professionnels apprécieront l'avantage de ces deux améliorations. Bien que j'ai présenté cet effet à plusieurs reprises depuis plus de vingt ans, des idées de Max Maven et John Archer ont aussi influencé ma présentation. J'ai également beaucoup discuté de cet effet avec les magiciens australiens Steve Walker et Greg Hudson. La cerise sur le gâteau vient d'une discussion avec mon frère italien Marco Fida, dans un restaurant de Florence.

J'espère toujours que chacune de mes routines apporte un élément original. Cette version de « Fourth dimensional telepathy » a un avantage majeur par rapport aux autres variantes. Beaucoup de gens ont abordé la question de l'utilisation de petits papiers quand d'autres accessoires sont utilisés. Le mentaliste écrit une prédiction sur un minuscule bout de papier que personne ne voit correctement, et juste après vous écrivez autre chose en grand sur un calepin géant. Cette incohérence est le genre de choses qui peuvent sembler étranges pour un public intelligent. Dans cette version, les papiers sont utilisés par souci de cohérence, et pour accéder brièvement à une information essentielle. À part ça, les papiers ne sont jamais touchés ou vus ; ils sont donc presque invisibles. (Il y a un autre avantage bonus : ce sera un joli souvenir et un rappel mental pour vos trois participants.) L'avantage principal de cette version est que tous les choix semblent honnêtes ; de plus, toutes les révélations sont identiques et elles sont suffisamment grandes pour être vues même sur une grande scène. Trop d'effets de mentalisme souffrent de leur manque de visuel ; cette routine résout ce problème.

Ce que le public voit

Pendant le spectacle, et à trois reprises, le mentaliste demande à des volontaires de penser à une information au hasard. Il prend un calepin et écrit ce à quoi le spectateur pense. Malheureusement, il semble échouer à chaque fois et jette ses prédictions d'un air déçu. À la fin du spectacle, les trois prédictions sont montrées : elles sont en fait parfaitement correctes.

Matériel nécessaire

Trois enveloppes avec le rabat sur un petit côté, pouvant contenir une carte de visite.

Trois cartes de visite (bien sûr, vous pouvez utiliser les vôtres, c'est toujours une bonne idée pour laisser vos coordonnées) ou trois papiers / fiches de taille similaire.

Trois crayons ou stylos foncés.

Un calepin à dessin.

Un feutre épais.

Préparation

Sur chaque carte de visite, écrivez une description simple de ce que vous attendez des spectateurs.

Première carte de visite : « *Écrivez le nom d'une capitale.* »

Deuxième carte de visite : « *Écrivez le nom d'une célébrité.* »

Troisième carte de visite : « *Écrivez votre marque de voiture préférée.* »

Bien sûr, ces instructions pourraient être n'importe quoi d'autre. La seule instruction importante est la troisième. Cela doit être une information facile à reconnaître et en un seul mot. Vous ferez un *peek* de cette information pendant la routine donc il est primordial qu'elle soit facile à lire et rapide à identifier. Comme je suis passionné de voitures, je sais que je reconnaîtrai toutes les marques. La catégorie « célébrité » est relative et spécifique à vos centres d'intérêt ; je vois souvent des noms de « célébrités » dont je n'ai jamais entendu parler ! De la même façon, les connaissances géographiques des gens sont affligeantes et j'ai souvent lu New York, Sydney, Auckland ou Venise, ainsi que d'autres villes n'étant pas des capitales.

Comme le troisième élément est celui que vous devez identifier rapidement, vous serez peut-être tenté de demander au spectateur de penser à une forme simple. Cela pose deux problèmes. Premièrement, cela brise le rythme et la clarté de la routine ; c'est justement le problème de la routine originale. En effet, pourquoi les deux premiers participants peuvent-ils écrire littéralement n'importe quoi, alors que le troisième participant doit dessiner un élément appartenant à un ensemble clairement restreint ? Deuxièmement, vous devrez dessiner ce que vous êtes censé dessiner, et c'est difficile à faire de façon convaincante.

En écrivant vos instructions sur les cartes de visite, faites en sorte de restreindre l'endroit où le participant écrira.

Ça n'est pas important pour les deux premières cartes de visite, mais comme les participants garderont les cartes et les enveloppes à la fin, il faut que les trois cartes aient un aspect similaire.

Enfin, vous devez connaître l'orientation de l'écriture en regardant le verso de la troisième carte de visite, afin de la placer dans le bon sens dans l'enveloppe. Cela facilitera le *peek*.

Sur le calepin à dessin, je trace une ligne horizontale sur la troisième page, cela me servira pour une subtilité plus tard.

Je sais que cela semble être beaucoup d'informations à digérer, mais si vous relisez la préparation, vous verrez qu'elle est très simple et facile ; la routine est presque impromptue. Si j'ai trois cartes de visite et trois enveloppes sur moi, je sais que je peux présenter cet effet n'importe où, même sur une grande scène.

Présentation

« Je vais demander à quelques personnes de m'aider ce soir avec une expérience de communication directe entre nos esprits, de la lecture de pensée si vous voulez. C'est de loin la chose la plus difficile que je fasse, et certains soirs sont plus faciles que d'autres. Je vais utiliser trois personnes pendant le spectacle, et chacun essayera de m'envoyer une pensée simple. Au fur et à mesure, cela deviendra plus facile pour vous car vous vous familiariserez avec le processus, mais je vous assure que vous ne sentirez rien. C'est ce qu'ils vous disent aussi chez le dentiste. Vous ne sentirez rien. Je pars toujours du principe que cela veut dire que ça va faire mal. Pour le spectacle de ce soir, nous allons demander l'aide de vous monsieur, et vous, et peut-être vous. Je vais vous donner une carte de visite et un crayon à chacun, mais veuillez ne rien faire avant que je vous le dise. »

À ce stade, vous confiez un crayon et une carte de visite à chacun de ces trois spectateurs, de gauche à droite. Demandez-leur leur prénom et adressez-vous toujours à eux avec ce prénom. Le public (à l'exception des voisins directs des trois participants) ignore qu'il y a des instructions sur les cartes. Comme vous êtes proche du troisième spectateur, vous commencez par lui. Demandez-lui de vous regarder et de vous écouter attentivement.

« Carl, imaginez que vous êtes chez un concessionnaire automobile et que vous avez de quoi vous acheter une nouvelle voiture. Je veux juste que vous pensiez à la marque de cette voiture. Pas besoin de modèle précis ou de détails, juste le nom de la marque. Je vais bientôt vous demander de visualiser cela clairement dans votre esprit, et de m'envoyer cette pensée. Un message clair. Écrivez la marque sur votre carte s'il vous plaît et fixez-la du regard jusqu'à ce que je revienne vers vous. »

Ce texte est crucial, c'est une façon subtile d'indiquer au spectateur qu'il doit écrire de façon claire.

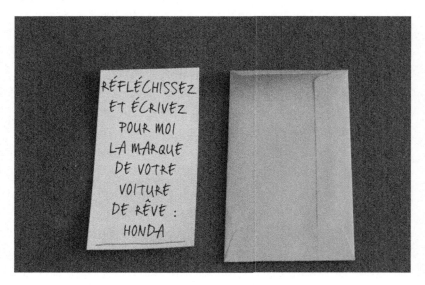

Approchez-vous du deuxième spectateur.

« Boris, à nouveau je vais vous demander une pensée simple. Imaginez que vous êtes dans un hôtel luxueux. Vous allez au

restaurant de l'hôtel. Vous y voyez une célébrité. Comme vous n'êtes que deux dans le restaurant, cette célébrité vous invite à sa table pour dîner. Une soirée incroyable, un dîner en tête-à-tête avec une célébrité. Visualisez cette personne. Pour vous aider à vous concentrer, veuillez écrire son nom sur votre carte. »

Approchez-vous de la première spectatrice.

« Alice, une pensée simple dans votre esprit. Vous allez voyager vers votre destination de rêve. Une ville n'importe où dans le monde. Pour nous faciliter la tâche à tous les deux, je vais vous demander de choisir une capitale. Écrivez-la sur votre carte et concentrez-vous dessus. »

Adressez-vous au reste du public.

« Trois volontaires et trois images simples. Veuillez tous vous concentrer sur ces images pendant quelques instants. Visualisez-les clairement et en couleur devant vos yeux. Qui est avec vous ? Quels sont les sons, quelles sont les odeurs ? »

Confiez une enveloppe à la première spectatrice et au deuxième spectateur. Approchez-vous du troisième spectateur.

« Veuillez tous prendre votre carte et la glisser face cachée dans votre enveloppe, pour que tout soit à l'abri des regards. »

En disant cela, vous tenez la troisième enveloppe par les grands côtés ; côté « adresse » vers le haut, avec le rabat ouvert. C'est l'inverse de ce que vous feriez normalement donc entraînez-vous pour pouvoir glisser une carte de visite de façon fluide à l'intérieur, malgré la position. Prenez la carte de visite du troisième spectateur (face cachée) et insérez-la dans l'enveloppe. Ne mentionnez pas la carte de visite ou son orientation, mais regardez le verso pour garantir que le mot écrit par le spectateur (sur le recto) se retrouve près de l'ouverture de l'enveloppe une fois la carte de visite insérée dans l'enveloppe.

« *Maintenant veuillez sceller vos enveloppes, normalement nous n'aurons pas besoin de les ouvrir.* »

C'est à ce moment que vous faites votre *peek*. Retournez l'enveloppe et approchez-la de votre visage pour lécher le rabat. En faisant cela, appuyez délicatement sur les grands côtés de l'enveloppe pour qu'elle s'ouvre légèrement. Vous verrez alors clairement le mot écrit par le spectateur.

La base de ce *peek* se trouve dans une routine de Jas Jakutsch. Léchez le rabat et scellez l'enveloppe, puis rendez-la immédiatement au spectateur. De votre point de vue, tout le travail est terminé ; du point de vue du public, tout ne fait que commencer. Vous avez dix minutes de comédie et de révélations explosives devant vous.

En retournant voir la première spectatrice, prenez votre calepin à dessin.

« *Alice, je vous avais demandé de penser à une destination de rêve pour vos plus belles vacances. Veuillez vous concentrer sur cette ville. Tenez votre enveloppe entre vos mains et concentrez-vous profondément pour m'envoyer cette pensée. Je vois quelque chose d'assez clair.* »

Ouvrez votre calepin et écrivez la marque de la voiture (que vous venez d'apercevoir secrètement) en grand sur la feuille.

« *Alice, dites-nous à haute voix la ville que vous aviez choisie.* »

Disons qu'elle nomme la ville de Rome. Le rythme et le ton de la séquence suivante sont difficiles à décrire, mais si vous l'exécutez correctement, c'est un moment très amusant. Vous vous tenez droit et, dès qu'elle annonce sa ville, vous la répétez d'une voix forte et assurée. Puis vous marquez une pause, vous vous affaissez et vous répétez la ville, cette fois sur un ton plus bas et déçu. Enfin, arrachez la page du calepin et froissez-la en boule.

« *Vous n'aimez pas Madrid ? Vous aviez envie de changement ?* »

Vous devrez travailler votre interprétation mais cela prépare un super rappel pour plus tard. Quand vous avez froissé la feuille en boule, jetez-la par-dessus votre épaule mais en visant le sol derrière vous, à droite (à jardin, pour les théâtreux).

Vous pouvez décider de passer au deuxième spectateur et de continuer. Je préfère donner l'impression que je lui laisse un peu plus de temps pour se concentrer sur son image. Je présente cette routine comme un gag à répétition pendant tout le spectacle. Quand vous êtes prêt à passer au deuxième spectateur, prenez le calepin. Demandez-lui de penser à sa célébrité.

« *Boris, vous êtes dans ce restaurant, cette célébrité vous invite à rejoindre sa table. Concentrez-vous sur cette célébrité. Visualisez son nom écrit en grand, et soulignez ce nom dans votre esprit.* »

Vous écrivez maintenant « Rome » sur le calepin, mais mimez le fait d'écrire un peu plus, pour couvrir le fait que vous êtes censé écrire le nom d'une personne. J'utilise aussi une subtilité supplémentaire : je mime le geste de souligner le nom, sans tracer de ligne sur le papier. Plus tard, quand j'écrirai vraiment le nom de la célébrité, il y aura déjà une ligne sur le papier (celle que vous aviez tracée à l'avance).

« *Boris, la célébrité avec laquelle vous passez la soirée s'appelle… * »

Vous faites monter la tension avec un ton d'anticipation confiante. Boris annonce… « Winston Churchill ». Quelle que soit sa réponse, exploitez le potentiel comique au maximum.

« *Churchill ?! Il n'est même plus en vie ! Je m'attendais au moins à ce que vous choisissiez une femme. Je vous offre une chance de passer une soirée imaginaire avec Sandra Bullock ou Sharon Stone, et vous choisissez un mec mort.* »

C'est un moment amusant qui amplifie et rappelle votre première déception, donc vous verrez que le public rira encore plus ici. Comme avec la première spectatrice, arrachez la page du calepin et froissez-la d'un air dégoûté. Cette fois, vous jetez la boule de papier par-dessus votre épaule, vers votre gauche (côté cour). Bien sûr, vous devez être capable de réagir en temps réel pour faire une blague à propos de son choix. Parfois l'humour sera fourni directement par ce qu'il a écrit.

J'attends à nouveau avant de m'approcher du troisième spectateur. Je lui laisse apparemment plus de temps pour se concentrer sur son information. Quand vous revenez enfin vers lui, sous-entendez clairement que c'est votre troisième et dernière chance.

« Carl, espérons que vous avez eu assez de temps pour que cela fonctionne, retournons mentalement chez le concessionnaire automobile. Vous visualisez la voiture de vos rêves. Concentrez-vous sur la marque. »

Vous écrivez rapidement « Churchill » au-dessus de la ligne horizontale qui se trouve déjà sur la page du calepin.

« Carl, pour la première fois, la voiture de vos rêves est une... ? »

Il répond « Honda ». Vous répétez sa marque d'une voix forte et assurée, puis à nouveau sur un ton plus bas, et encore une fois sur un ton encore plus bas et dégoûté.

« Je n'arrive pas à y croire. N'importe quelle voiture, n'importe quelle marque, et vous choisissez ça ? Bon, des goûts simples et une marque fiable. Rien de mal à ça. »

Vous arrachez la troisième page et vous la froissez puis vous la jetez par-dessus votre épaule, vers le centre de la scène. Les trois prédictions sont maintenant positionnées en face des spectateurs auxquels elles correspondent.

Une fois cette séquence terminée (même si vous avez traité les trois spectateurs d'un coup), vous avez maintenant besoin d'un peu de détournement d'attention au temps pour effacer vos traces et augmenter l'impact du final. Cette durée dépend de votre spectacle mais je vous conseille de présenter au moins un effet entre la fin de cette séquence et les révélations. Votre jeu d'acteur doit aussi être assez convaincant pour que le public pense que les papiers ne serviront plus à rien. (Un soir, je fus tellement convaincant qu'un serveur passa gentiment derrière moi et, à mon insu, ramassa les trois boules de papier pour les jeter dans la poubelle de la cuisine ! À la fin du spectacle, je lui ai alors demandé d'aller les chercher. Heureusement ce fut juste un moment amusant en plus.)

La révélation se déroule de la façon suivante :

« *J'aimerais remercier tous ceux qui sont montés sur scène et ceux qui m'ont aidé dans le public ce soir. Alice, Boris, Carl, veuillez vous lever.*

Alice voyageait vers sa destination de rêve. Elle aurait facilement pu aller à Tokyo [Prenez son papier au sol et dépliez-le.] *Ça aurait été mon choix, mais elle a décidé d'aller à Rome !* [Montrez que vous aviez bien écrit la ville de son choix.]

Boris aurait pu dîner avec n'importe quoi, littéralement n'importe qui, c'était son choix. Quand je l'ai observé au début, j'aurais pensé qu'il choisirait une femme, [Prenez son papier au sol et dépliez-le.] *mais en réfléchissant il s'est dit qu'une conversation stimulante serait plus une option plus intéressante, c'est pour ça qu'il a choisi Churchill.* [Montrez que vous aviez bien écrit la célébrité de son choix.]

Enfin, Carl. Mon dieu. N'importe quelle voiture, vraiment N'IMPORTE QUELLE voiture, il a failli tomber dans le piège et choisir une voiture de sport, mais il a craqué pour une Japonaise. [Prenez son papier au sol et dépliez-le.] *J'ai même failli écrire "Toyota", mais heureusement j'ai aussi changé d'avis et j'ai écris "Honda".* [Montrez que vous aviez bien écrit la marque de son choix.]

Je crois que nous pouvons tous les applaudir ! »

MÉMOIRE AUGMENTÉE

La routine des vingt objets mémorisés est un classique qui a fait ses preuves. Le public nomme vingt objets qui sont listés. Quelqu'un nomme un numéro et vous êtes capable de vous souvenir de l'objet à ce numéro. Vous pouvez même finir en nommant tous les objets dans l'ordre. Je présentais régulièrement cet effet quand j'étais au lycée et je l'ai gardé dans mon répertoire depuis. Pendant les soirées, je mémorisais les noms de tous les invités puis je les associais à une liste d'objets ; c'est une démonstration géniale que vous pouvez présenter n'importe où, même pour un grand groupe de personnes. Pas besoin d'accessoires non plus. C'était aussi un bon moyen d'aborder les filles, mais je digresse…

Récemment, Richard Osterlind a relancé l'intérêt pour cette routine. Dans ses DVDs *Easy to master mental miracles*, il récite les vingt objets à l'envers (de vingt à un), ce qui n'est bien sûr pas plus difficile que de les réciter dans l'ordre. Il isole aussi les objets numérotés qui ont déjà été mentionnés individuellement. Étrangement, cela semble impressionnant mais ça n'est pas plus difficile que cela l'était quelques moments auparavant. Voici une autre bonne idée (que j'ai évoquée à l'instant et que de nombreux mentalistes ont adoptée) : se souvenir du prénom des gens nommant les objets. À nouveau, ça n'est pas très difficile, une fois que vous maîtrisez le système de table de rappel.

Comme vous le savez si vous avez déjà présenté cet effet, vingt objets représentent la quantité idéale pour la durée de la présentation. C'est une quantité impressionnante, sans avoir besoin de mémoriser cinquante ou cent objets, comme c'est parfois le cas avec un *magazine test*.

J'ai alors commencé à examiner les forces et les faiblesses de cette démonstration, ainsi que les montées et les descentes dans la présentation. Je fais cela pour tout mon répertoire ; mon spectacle est toujours un chantier en cours d'évolution. J'essaye de trouver des façons d'augmenter les possibilités, ou la perception d'impossibilité, sans compromettre le rythme.

La phase initiale où vous mémorisez les objets peut être divertissante. En montrant au public une partie de votre processus, vous crédibilisez vos aptitudes en tant qu'expert de mémoire. Mal gérée, cette phase peut aussi traîner en longueur, donc doubler la durée afin de mémoriser quarante objets un par un serait d'un ennui mortel. Et si vous semblez avoir appris les éléments à l'avance (comme avec un *magazine test*), cela élimine aussi une des forces de la démonstration.

Voici donc ce que j'ai imaginé. J'espère que vous verrez que c'est une routine qui conserve toutes les forces de l'original tout en doublant l'impossibilité. C'est un des effets que je présente depuis le plus longtemps et que je n'ai partagé qu'avec quelques individus. Je l'utilise encore régulièrement et, quand je suis engagé pour former des managers, le matin suivant je présente souvent quelques clés de base pour mémoriser juste dix objets. Cela rend encore plus impossible la démonstration avec quarante objets. La version que vous allez lire existait longtemps avant la publication d'*Influences mentales*, mais je n'étais pas encore prêt à en parler. Maintenant vous pouvez en profiter autant que moi.

Ce que le public voit

Expliquez que deux fiches ont circulé dans le public, sous la supervision d'un assistant choisi dans le public ; quarante objets ont été écrits sur ces fiches. Vous annoncez que vous allez les mémoriser en moins d'une minute, grâce à votre mémoire « photographique ».

Un spectateur apporte la liste sur scène et vous commencez à la mémoriser. Vous prouvez ensuite, sans l'ombre d'un doute, que vous avez vraiment ancré cette liste dans votre esprit.

Méthode

(Si vous ne présentez pas déjà cet effet, je décrirai la méthode de base à la fin. Vous pouvez vous reporter directement à la section « Méthode de base ».)

La procédure semble parfaitement honnête. D'une certaine façon, le participant qui collecte les fiches est un complice instantané à son insu, grâce à une double réalité astucieuse. Vous n'avez pas à changer ce que vous faites habituellement et vous pouvez garder votre table de rappel de vingt objets.

J'utilise trois fiches. Petit aparté : j'ai toujours cette papeterie dans mon sac. J'achète entre deux cents et quatre cents feuilles A4 ; leur épaisseur est de 600gsm. Avec cette épaisseur, les spectateurs peuvent facilement écrire (ou dessiner) dessus sans que le papier plie, et je l'utilise pour « Sneak thief » de Larry Becker, ainsi que pour mes duplications de dessin et d'autres routines.

Préparation

Les numéros de 1 à 20 se trouvent sur la première fiche, répartis sur deux colonnes. Les numéros de 21 à 40 se trouvent sur la deuxième fiche, répartis sur deux colonnes. Sur cette deuxième fiche, j'écris des objets en face des numéros de 21 à 39 ; l'espace en face du numéro 40 reste vide. Bien sûr les objets écrits à l'avance le sont avec des écritures différentes (en général par ma famille).

La table de rappel que je vous fournis ici pour les numéros de 1 à 20 est presque identique à celle utilisée par Richard Osterlind (et bien sûr par Harry Lorayne et bien d'autres avant lui). Si vous présentez déjà cet effet, la façon dont vous visualisez votre liste sera sûrement différente de la mienne, et cela affectera peut-être votre façon d'apprendre la deuxième phase que je décris ici.

Pour vous donner un aperçu de la méthode, quand je semble mémoriser les objets de 21 à 39, il s'agit en fait de ma table de rappel de 1 à 20, légèrement modifiée. Les descriptions exactes ont été altérées légèrement, pour qu'une personne connaissant la table de rappel classique ne puisse pas reconnaître le subterfuge.

1. Pistolet
2. Chaussure
3. Arbre
4. Porte
5. Ruche
6. Bâtons
7. Paradis
8. Portail
9. Vin
10. Poulet

11. Bronze
12. Étagère
13. Draguer
14. Hanter
15. Soulever
16. Saisie
17. Inaperçu
18. Grinçant
19. Miner
20. Beaucoup

J'ai ensuite simplement réimaginé les objets de cette première liste, sans que cela soit trop évident.

21. Agrafeur (pistolet-agrafeur)
22. Course (chaussure de course)
23. Noël (arbre de Noël)
24. Fenêtre (porte-fenêtre)
25. Miel (venant d'une ruche)
26. Berger (bâton de berger)
27. Avion (c'est déjà mon image associée à « Paradis »)
28. Grillage (autour du portail)
29. Bouteille (de vin)
30. Policier (poulet)

31. Bouddha (en bronze)

32. Rangement (étagère)

33. Collier (c'est déjà mon image associée à « Draguer »)

34. Squelette (c'est déjà mon image associée à « Hanter »)

35. Brique (soulever des briques)

36. Argent (saisie d'huissier)

37. Nappe (image d'une nappe recouvrant un objet)

38. Escalier (grinçant)

39. Casque (un mineur avec un casque)

40. (espace vide)

Revenons à la présentation. Avant votre prestation (en général pendant le dîner), vous confiez la première fiche à une spectatrice, ainsi qu'une grande enveloppe. Vous lui expliquez que vous avez besoin de quarante objets ; elle doit en récupérer vingt, et une autre personne en récupérera vingt autres. J'ai aussi une troisième fiche avec une liste vierge de 21 à 40 ; la spectatrice voit cette fiche et une autre enveloppe. Je lui demande alors de s'occuper du milieu de la salle et j'explique que l'autre spectatrice s'occupera des autres tables ; tout en disant cela, j'indique vaguement la zone gérée de cette autre spectatrice (fictive). Je lui demande de revenir me voir avec sa fiche quand elle aura terminé.

Quand elle revient vers moi, je lui demande de ne pas me montrer sa fiche. Je vais à ma mallette pour en sortir une enveloppe contenant la deuxième fiche (préparée avec les dix-neuf objets listés) et je commence le geste de lui confier cette deuxième enveloppe. Sous prétexte de vérifier que la deuxième fiche est complète, je la sors momentanément de son enveloppe, et je remarque qu'il manque un objet au numéro 40. Je demande à la spectatrice d'ajouter un objet dans cet espace puis de ranger les deux fiches dans son enveloppe. Elle est ensuite invitée à garder les deux fiches jusqu'à ce que je lui demande de me les rendre. Je mémorise son prénom. Elle n'a aucune raison de soupçonner quoi que ce soit de suspect.

Pendant la routine, j'explique que je vais faire une démonstration avec quelques informations récupérées auprès du public par deux spectatrices qui ont récolté une liste de quarante objets. J'annonce qu'Alice (utilisez le prénom de la spectatrice) a gardé cette liste et que je ne l'ai pas vue. Je lui demande de confirmer qu'elle a bien gardé la liste pendant tout ce temps. Elle acquiesce et me tend les deux fiches.

Je fais ensuite semblant de mémoriser les quarante objets très rapidement. En réalité, je mémorise uniquement les vingt premiers objets avec la méthode habituelle. Pendant cette phase, il est courant de qualifier chaque objet. Quel type de voiture ? Une BMW ? De quelle couleur ? Quel genre de ballon ? Un ballon de football ? C'est une phase vitale donc ce serait dommage de s'en priver.

Voici ma façon de la présenter. Je regarde la fiche qui a vraiment été remplie par le public et je demande qui a écrit tel ou tel objet, puis je demande à cette personne de détailler son objet. Pour accélérer le processus, je ne fais pas ça pour chaque objet, seulement un objet sur deux ou sur trois. Je peux alors regarder la deuxième fiche et nommer des objets qui sont en fait listés sur la première fiche. Cela crée l'illusion très convaincante que je mémorise vraiment quarante objets en temps réel. Votre assistante ne se doute de rien et elle peut même confirmer qu'elle a écrit l'objet numéro 40 et qu'elle a contribué à compléter la liste.

Vous continuez votre routine classique comme d'habitude. Demandez à des spectateurs choisis au hasard de dire un numéro entre 1 et 40, et vous annoncez l'objet se trouvant à ce numéro ; puis d'autres spectateurs choisissent des objets dans la liste, et vous annoncez les numéros auxquels ils se trouvent. Vous pouvez ensuite réciter toute la liste dans l'ordre à toute vitesse si vous voulez.

La version que je viens de décrire n'ajoute qu'une vingtaine de secondes au moment de la mémorisation, et vous doublez ensuite l'impact déjà impressionnant de la routine originale, avec presque aucun effort supplémentaire.

Références

Si vous n'êtes pas convaincu que cette routine est divertissante, je vous conseille vivement de visionner la présentation de Richard Osterlind, dans les DVDs mentionnés précédemment.

De nombreux livres sur la mémoire enseignent tous les mêmes concepts, donc je vous invite à en lire quelques-uns pour voir comment ces concepts peuvent renforcer vos effets en général.

Harry Lorayne semble avoir écrit les deux mêmes livres encore et encore, avec des approches différentes, mais les gens s'accordent à dire que ses deux premières publications sont les meilleures : *How to develop a super power memory* et *Secrets of mindpower*. Je les ai depuis le lycée et j'ai enseigné cette routine à mon fils quand il avait neuf ans !

Méthode de base

Pour cette démonstration de mémoire, la méthode de base consiste à avoir une table de rappel profondément ancrée dans votre esprit. Les spectateurs nomment des objets et vous créez un lien entre l'objet de votre table de rappel et celui nommé par le public.

Prenons l'exemple de la table de rappel que je vous ai donnée pour les numéros de 1 à 40. Si un spectateur écrit « Poisson » en face du numéro 1, vous devez visualiser une image ridicule pour associer le « Poisson » du spectateur avec votre « Pistolet » mémorisé à l'avance. Par exemple, un poisson tirant avec un pistolet, ou un pistolet tirant des balles en forme de poisson. En général, plus l'image est absurde, plus elle est facile à mémoriser.

Pour faciliter encore plus la mémorisation de ces images, je vous conseille de les amplifier en taille et en contexte. Cela fonctionne encore mieux si c'est choquant, grotesque, bruyant (comme une explosion dans votre esprit), extrême ou sexuel. (C'est une des raisons pour lesquelles je n'ai pas pu publier ici ma VRAIE table de rappel ; elle est beaucoup trop choquante !)

Une fois que les vingt objets du public ont été listés, vous créez une image pour chaque numéro puis vous confiez la liste à une spectatrice pour qu'elle la vérifie.

Faites nommer un numéro entre 1 et 20. Disons qu'il s'agit du numéro 1. Vous vous souvenez alors de votre image pour ce numéro (Pistolet), et cela vous rappelle l'image absurde d'un poisson tirant avec un pistolet, et vous savez alors que le numéro 1 est un poisson.

Il existe d'autres types de tables de rappel donc, si celle-ci ne fonctionne pas pour vous, n'hésitez pas à en utiliser une autre. Les livres de Lorayne vous seront d'une aide précieuse dans ce domaine.

Voici un conseil que j'ai rarement vu, mais qui m'a énormément aidé : faites-vous confiance. Regardez le mot écrit, détournez le regard une seconde et voyez la première image ridicule qui se forme dans votre esprit ; verrouillez cette image mentalement puis passez au mot suivant. Si vous passez trop de temps sur un mot et que vous êtes hésitant dans la formation de votre image, ça n'est pas une bonne chose. Vous serez ensuite confus quand vous essayerez de vous souvenir de l'image. Lisez le mot, formez l'image rapidement et passez immédiatement au mot suivant.

À la fin de la routine, je termine souvent avec un texte comme le suivant :

« *Les gens me demandent souvent combien de temps je me souviens de ces objets. Je leur réponds que c'est une mémoire durable, cela restera dans mon esprit jusqu'au prochain spectacle. Après ça, c'est comme une calculatrice dont vous effacez la mémoire du calcul précédent ; j'oublierai cette liste et je mémoriserai la nouvelle. Donc, si vous me croisez plus tard, ou que vous avez mon adresse email ou mon numéro de téléphone portable, envoyez-moi un message demain ou après-demain, en choisissant un numéro de la liste. Je vous garantis que je me souviendrai de l'objet. Comme je le disais, c'est une mémoire durable, et j'espère que vous aussi garderez un souvenir durable de cette incroyable soirée. Merci de m'avoir invité ; mon nom est Sean Taylor, et je vous souhaite une bonne soirée.* »

MAGAZINE GONFLÉ À BLOC

Cette routine a d'abord été distribuée en DVD, sous le nom « Fully loaded magazine » (merci à Dave Everett pour le titre génial en anglais). En plus d'être un jeu de mots astucieux, cela décrit parfaitement cet effet.

L'inspiration peut surgir de partout. Je suis convaincu que la meilleure façon de créer du mentalisme est de commencer avec un effet, puis de trouver toutes les méthodes possibles, afin de déterminer celle qui est la plus appropriée à vos conditions de prestation. Vous pouvez alors affiner votre approche et ajouter des subtilités, des éléments convaincants et différents degrés de supercherie. J'aimerais pouvoir dire que ce fut le cas ici, mais ce serait un mensonge !

J'ai toujours aimé le « Newspaper test » d'Al Koran et, si vous lisez *Influences mentales*, j'y décris ma version. Dans la version que vous allez découvrir ici, la source d'inspiration principale fut... Qantas. J'étais sur un vol Qantas en direction de Brisbane, et je jouais avec différentes variantes du « Newspaper test ». Au même moment, on m'apporta une serviette en papier pour mon petit déjeuner. Après voir écrit mon idée sur cette serviette, je l'ai déchirée et j'ai observé une anomalie que vous avez sûrement remarquée également. D'ailleurs, vous avez peut-être fait ce mouvement cette semaine sans vous en rendre compte. Par chance pour moi, l'idée et la serviette se sont combinées dans mon esprit, créant la méthode dont j'avais besoin. Certaines idées sont tellement évidentes que, quand vous les découvrez, vous vous dites : « *Si seulement j'y avais pensé !* » Cette routine fait probablement partie de cette catégorie.

Ce que le public voit

Le mentaliste confie trois magazines complètement différents à une spectatrice. Elle choisit N'IMPORTE lequel. Le magazine est montré de façon honnête, d'ailleurs le mentaliste le feuillette pour montrer qu'il s'agit bien d'un magazine « normal ».

Le mentaliste feuillette à nouveau les pages, cette fois plus lentement, et la spectatrice choisit librement N'IMPORTE quelle page. La page de son choix est déchirée hors du magazine puis elle est déchirée en petits morceaux. La spectatrice choisit N'IMPORTE quel morceau. Le mentaliste se tient loin de la spectatrice et lui demande d'examiner le morceau qu'elle tient. Aussi incroyable que cela puisse paraître, il est capable de révéler des mots, des couleurs, des formes, des images et littéralement tous les autres détails de ce morceau. Il est d'une telle précision qu'on pourrait croire qu'il voit le morceau à travers les yeux de la spectatrice.

Réfléchissez-y un instant. N'importe quel magazine, n'importe quelle page, n'importe quel morceau de cette page. Pas d'électronique, pas de complice, rien n'est écrit et il n'y a aucun forçage. De plus, vous pouvez répéter l'effet immédiatement, à plusieurs reprises, avec le même magazine, et un résultat final complètement différent.

Si vous lisiez cela dans un magasin de magie, vous vous diriez qu'il manque un détail dans la description ou que je fais exprès de l'enjoliver. Je vous promets que non. Ce que vous venez de lire est exactement ce qui est vécu par le public.

Ajoutez à cela le fait que vous pouvez utiliser un magazine d'entreprise, une revue professionnelle, le catalogue d'une société, ou n'importe quelle publication contenant plusieurs pages, et vous obtenez une routine incroyablement polyvalente, qui fait partie de mon répertoire depuis plus de cinq ans.

Méthode de base

Voici comment j'explique la méthode quand je fais une conférence ; cela vous permettra de comprendre comment j'ai trouvé cette idée lors de ce vol Qantas.

Imaginez que vous avez deux feuilles carrées identiques et quadrillées afin de former seize cases.

1	2	3	4
5	6	7	8
9	10	11	12
13	14	15	16

1	2	3	4
5	6	7	8
9	10	11	12
13	14	15	16

Posez-les l'une sur l'autre afin que les numéros soient parfaitement alignés les uns au-dessus des autres. Si vous déchirez le long de n'importe quelle ligne du quadrillage, chaque main tient deux morceaux identiques l'un sur l'autre. Si une main pose ces papiers sur ceux de l'autre main et que vous continuez à déchirer le long des lignes puis à empiler les morceaux, jusqu'à avoir une pile de trente-deux papiers (chaque papier montrant un seul numéro), la pile de papiers sera composée d'une série de numéros « jumeaux ». Vous ne connaissez pas l'ordre des numéros ou leur orientation, mais chaque numéro est suivi de son double. Autrement dit, pendant le processus de déchirure, les numéros identiques restent automatiquement l'un au-dessus de l'autre. C'est le principe sur lequel ma méthode se base.

Lors de ce vol Qantas, j'ai écrit au Sharpie sur ma serviette et l'encre a traversé les deux épaisseurs de papier. Quand j'ai déchiré ma serviette en suivant la procédure que je viens de décrire, j'ai accidentellement découvert que les morceaux identiques restaient ensemble.

Matériel nécessaire

Vous ne serez donc pas surpris d'apprendre que les magazines que j'utilise sont préparés, et que vous devrez préparer les vôtres. Arrive alors la (petite) mauvaise nouvelle : il vous faudra environ une heure et demie pour préparer vos premiers magazines. Avec le temps et l'expérience, vous serez capable d'aller plus vite. À quelques occasions, je suis arrivé sur les lieux de ma prestation tard dans l'après-midi et j'ai pu préparer un magazine en moins d'une heure avec une publication locale, juste avant le spectacle. La durée de préparation dépend aussi de l'épaisseur du magazine. (Les revues financières que j'utilise contiennent environ soixante ou quatre-vingts pages.) La préparation n'est pas difficile, elle prend juste un peu de temps.

La bonne nouvelle, c'est qu'une fois que vous avez préparé un magazine, vous pouvez l'utiliser pour vingt ou trente spectacles avant d'avoir besoin de le remplacer. Donc quatre-vingt-dix minutes de préparation pour trente spectacles ne me semblent pas trop pénibles.

Vous pouvez utiliser n'importe quel type de magazine. Dans le cas des publications professionnelles ou des revues internes d'entreprise, vous n'avez pas toujours le choix du format. Cependant, je préfère les revues financières ou d'investissement, car elles ont tendance à être plus denses, avec un texte, des images et des diagrammes de petite taille. Les magazines immobiliers sont aussi très bien. De nombreux magazines de mode ou de presse masculine ont souvent une seule grande image couvrant une page entière ; il sera alors difficile de révéler des détails sur un morceau de ce genre de page. Les magazines moins connus seront aussi, par définition, moins reconnaissables, donc le public aura moins de chance de repérer qu'il date d'il y a six mois. J'ai déjà utilisé un gros magazine pendant un an et personne n'a fait de commentaire sur sa date.

Vous aurez besoin du matériel suivant :

Une règle en métal ou rigide.

Un scalpel (les cutters ne sont pas assez affûtés et abîmeront les pages)

Un morceau de carton légèrement plus grand que la page de votre magazine.

Un bâton de colle.

Création du gimmick

À l'aide du scalpel, vous allez retirer une page sur deux dans deux magazines identiques. (N'oubliez pas : cela vous permet de préparer deux magazines simultanément.) Dans le premier magazine, retirez les pages 3/4, 7/8, 15/16, 19/20, et ainsi de suite jusqu'à la fin. Dans le deuxième magazine, retirez les pages 5/6, 9/10, 13/14, 17/18, et ainsi de suite jusqu'à la fin.

Pour retirer une page, insérez le morceau de carton sous cette page et enfoncez bien le carton jusqu'à la reliure. Positionnez la règle en métal sur la page et, avec le scalpel, coupez droit en suivant le bord de la règle et en créant un « talon » d'un centimètre à partir de la reliure.

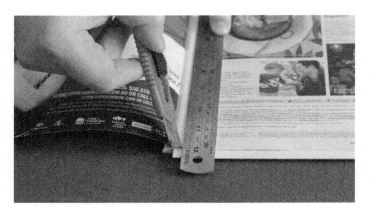

Quand vous avez terminé, vous obtenez deux magazines deux fois moins épais, et une pile de pages volantes. Les pages coupées dans le premier magazine iront dans le deuxième magazine, et vice versa. La page 3/4 coupée dans le premier magazine ira sous la page 3/4 du deuxième magazine, la page 7/8 coupée dans le premier magazine ira sous la page 7/8 du deuxième magazine, et ainsi de suite.

Pour coller la page 3/4 dans le deuxième magazine, appliquez de la colle (une bande d'un demi-centimètre) sur le talon situé SOUS la page 3/4 du deuxième magazine ; l'application de la colle est plus facile si vous placez le morceau de carton sous le talon, évitant ainsi de mettre de la colle sur n'importe quelle page.

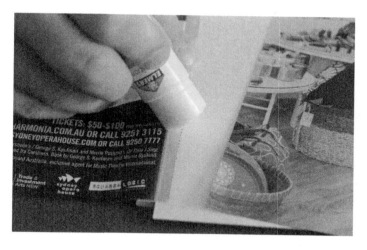

Orientez ensuite la page 3/4 volante dans le même sens que la page 3/4 originale, et collez-la sur le talon en le recouvrant d'un demi-centimètre.

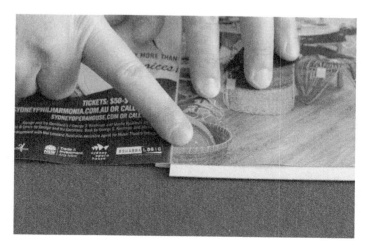

Cette position décale légèrement la page duplicata vers l'intérieur du magazine.

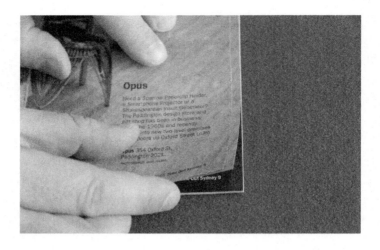

Si votre magazine complet contient quatre-vingts pages, il y a quarante feuilles à l'intérieur, chacune ayant une page de chaque côté. Vous devez donc couper vingt feuilles puis les remplacer par les vingt feuilles du magazine duplicata. Cela représente quarante coupes (vingt dans chaque magazine) et vingt collages. Pas si terrible que ça.

Attention, lors la préparation du premier magazine, vous allez coller les pages volantes (provenant du deuxième magazine) sur le talon **précédant** la page originale. Autrement dit, la page 5/6 retirée du deuxième magazine est ensuite collée sur le talon se trouvant **sur** la page 5/6 du premier magazine.

Pour effeuiller le deuxième magazine et montrer qu'il est normal, la main droite le tient avec la reliure contre la paume, et le pouce au dos du magazine. Dans cette position, si vous tendez la main droite vers le public devant vous, votre index gauche peut effeuiller le magazine de la couverture avant jusqu'à la couverture arrière.

Pour effeuiller le premier magazine et montrer qu'il est normal, la main gauche le tient avec la reliure contre la paume, et le pouce sur la couverture avant du magazine. Dans cette position, si vous tendez la main gauche vers le public devant vous, votre index droit peut effeuiller le magazine de la couverture arrière jusqu'à la couverture avant.

Comme les pages duplicata sont courtes, elles restent cachées lors de l'effeuillage, et chaque magazine se manipule un peu comme un *Jeu Radio*. Autrement dit, même si vous effeuillez le magazine lentement et près du public, un seul exemplaire de chaque page sera visible et les pages duplicata restent invisibles. Je suis parfois même allé jusqu'à laisser les spectateurs effeuiller le magazine, sans qu'ils repèrent la préparation. Bien sûr, ils remarqueraient le trucage s'ils avaient le temps d'examiner le magazine de façon rigoureuse, mais l'effeuillage que vous faites vous-même est largement suffisant et il semble très honnête. Nous appellerons cela l'« effeuillage initial ». (Mentionnons au passage que l'utilisation de pages courtes fut d'abord décrite en anglais dans *The discoverie of witchcraft*, le livre de Reginald Scott publié en 1584, donc rien de nouveau.)

Autres accessoires

En plus d'un magazine truqué, vous aurez aussi besoin des accessoires suivants :

Un clipboard (j'utilise une feuille cartonnée d'épaisseur 600gsm, décrite précédemment dans « Mémoire augmentée »).

Un feutre.

Un peu de cire de magicien. (Ah, le plaisir d'en avoir acheté il y a des années parce que le vendeur de la boutique de magie vous avait dit que cela vous servirait un jour !)

Préparez le clipboard en plaçant un peu de cire de magicien sur la partie droite de la surface. Rangez le clipboard à l'abri des regards (dans votre mallette, ou à plat derrière un autre objet).

Présentation

« *La lecture de pensée pure est sans aucun doute la chose la plus difficile que je fais. Ce que vous allez voir est extrêmement difficile, non seulement pour moi mais aussi pour la personne qui se portera volontaire pour m'aider. Parfois, cela fonctionne à peine. [Pause.] Je préfère vous prévenir à l'avance, pour que vous ne vous soyez pas déçu si j'ai du mal. Je pense que, pour le chanceux qui se porte volontaire, ce sera la première fois que quelqu'un lira vos pensées. Avant de vous porter volontaire, j'ai besoin d'une personne à l'imagination débordante, une personne qui peut facilement se souvenir des endroits qu'elle a visités, des gens qu'elle a rencontrés, des images et des sons, et qui saura les visualiser mentalement. Quelqu'un veut-il se porter volontaire ? Vous,*

monsieur ? Excellent. Quel est votre prénom ? Adam, merci pour
votre confiance. Veuillez me rejoindre pendant que tout le monde
vous applaudit. »

Vous applaudissez aussi le spectateur pour déclencher les applaudissements du public.

« Adam, nous allons faire un exercice de visualisation. Je vais vous confier quelques magazines. Vous pouvez choisir celui que vous voulez et nous l'utiliserons. Celui-ci ? Merci.

Un magazine financier pour aider votre femme à dépenser votre argent intelligemment, très bon choix. Vous pouvez laisser tomber les autres magazines sur le sol. Adam, dans un instant je vais effeuiller le magazine lentement comme ceci, et je veux que vous me disiez "Stop", ce sera la page que nous utiliserons. »

Vous effectuez l'effeuillage initial décrit précédemment, en laissant passer les pages lentement devant le spectateur. Quand il vous arrête, votre pouce laisse passer la page de son choix sur les doigts de l'autre main (ces doigts séparent la double page du reste du magazine), puis la main qui effeuillait saisit la double page pendant que vous insistez sur le fait que qu'Adam vous a arrêté sur cette page précise ; vous pouvez même donner le numéro de la page. Sans lâcher la double page, votre autre main modifie sa prise pour tenir le magazine comme un livre ouvert devant vous, puis vous déchirez clairement la page (secrètement double) du magazine. Fermez le reste du magazine et lâchez-le au sol.

Cette première déchirure doit être faite d'un geste assez vif, pour cacher le fait que vous manipulez une double page. Une fois que la page est déchirée du magazine, ça n'est plus aussi risqué et vous pouvez ralentir. Personnellement, j'ai tendance à adopter une attitude plus animée et à être un peu plus agité, en bougeant mes bras et en détournant le regard pour ne pas regarder les morceaux de papier.

Déchirez ensuite cette double page en deux, en commençant la déchirure au milieu d'un grand côté et en déchirant le plus droit possible. Une de vos mains pose ses papiers sur ceux de l'autre main, puis vous déchirez le tout en deux à nouveau. Répétez cette séquence quelques fois, afin d'obtenir des morceaux faisant environ la taille d'une carte de visite. Quand c'est terminé, laissez la pile de papiers sur la paume de votre main gauche.

« Adam, je vais vous demander de choisir un de ces morceaux donc coupez la pile de papiers et confiez-moi les papiers que vous soulevez. »

Vous détournez le regard pendant qu'il s'exécute ; il coupe un paquet et le pose sur votre main droite.

Faisons le point sur la situation. Adam va prendre le morceau supérieur de la pile restée en main gauche. Le duplicata de ce morceau se trouve soit sous le morceau qu'il va prendre, soit sous la pile que vous tenez en main droite.

« Adam, prenez le morceau sur lequel vous avez coupé. »

En disant cela, assurez-vous de toujours détourner le regard. Votre pouce gauche fait glisser le morceau supérieur de son paquet légèrement vers l'avant. Tendez votre main gauche vers Adam, vos doigts gauches pointant vers son visage, dans un geste l'invitant à prendre le morceau décalé ; dans cette position, même si le duplicata se trouve juste en dessous, Adam ne peut pas le remarquer.

Faites ensuite à nouveau face à Adam et jetez un coup d'œil au morceau supérieur de la pile en main gauche. Votre pouce gauche décale ce morceau légèrement vers l'avant tandis que votre main gauche pose ses papiers sur ceux de la main droite. Le morceau décalé vous permet de voir si un morceau identique se trouve juste en dessous. Si le morceau décalé n'a pas son duplicata directement sous lui, alors c'est justement le duplicata du morceau choisi par le spectateur. Si le morceau décalé a son duplicata directement sous lui, alors le duplicata du morceau choisi se trouve sous la pile.

En vous dirigeant vers votre mallette, orientez la pile de papiers afin que le duplicata soit en dessous, puis posez la pile de papiers sur votre clipboard, sur la cire de magicien ; le duplicata va ensuite coller au clipboard automatiquement. (Dans ma version originale, j'empalmais le duplicata puis je le collais sur la cire, en cachant mes actions grâce au clipboard ; certains acheteurs du DVD original m'ont suggéré la variante que vous venez de lire, ce qui prouve que les idées ne cessent jamais d'évoluer. Merci !)

« Adam, j'aimerais que vous vous teniez loin de moi, je ne veux pas voir votre morceau de papier donc retournez-vous et je ferai pareil. Je veux que vous écoutiez ma voix et que vous regardiez attentivement votre morceau de papier. En le regardant, je veux que vous remarquiez des détails qui vous sautent aux yeux. Je veux que vous vous concentriez sur ces détails spécifiques et que vous essayiez de les visualiser pour moi. »

Retournez à votre mallette et prenez le clipboard, en laissant les morceaux de papier tomber dans la mallette (à l'exception du morceau collé). Tenez le clipboard vers vous pour cacher le morceau collé.

Vous allez maintenant faire deux choses pendant la phase de lecture de pensée. Premièrement, vous allez regarder votre morceau de papier et remarquer la première chose qui vous saute aux yeux. Ce que vous remarquez en premier sera sûrement la même chose qu'Adam remarquera en premier. Deuxièmement, vous allez le guider afin qu'il regarde certaines choses spécifiques et qu'il se concentre dessus. Autrement dit, vous allez lui dire quoi regarder, puis présenter cela comme de la lecture de pensée. Dans cette situation, j'essaye de sélectionner quatre ou cinq éléments qui me sautent aux yeux immédiatement, et je les écris en grand sur le clipboard. Vous trouverez parfois deux ou trois éléments seulement, parfois cinq ou six ; vous ne pouvez pas vraiment prévoir cela à l'avance mais ça n'est pas grave.

Vous devrez aussi regarder les deux côtés du papier donc utilisez la main qui écrit pour manipuler le papier et voir les éléments au verso pour sélectionner les plus remarquables. Avec certains morceaux de papier, le recto n'a rien d'intéressant et toutes les pépites se trouvent au verso, donc je retourne simplement le morceau de papier sous couvert du clipboard et en faisant semblant de prendre des notes. Parfois je fais semblant d'écrire puis de rayer mes notes, cela dissimule bien le geste de retourner le papier.

Vous devez continuer à parler en faisant tout cela. Vous donnez l'impression de recevoir des pensées, alors que vous êtes seulement en train de relever différents éléments sur le papier. Voici un exemple du texte que j'utilise.

« Adam, est-ce qu'une couleur vous saute aux yeux ? Oui ? Fantastique, parce que j'ai tout de suite ressenti quelque chose, d'ailleurs c'est la première chose que vous avez remarqué Adam, n'est-ce pas ? Ne dites pas la couleur mais essayez de la visualiser pour moi. Très bien. Maintenant Adam, il y a un symbole qui a attiré votre attention, n'est-ce pas ? Fantastique, et vous reconnaissez ce symbole n'est-ce pas Adam, c'est quelque chose que vous connaissez ? Très bien, visualisez ça pour moi, faites de votre mieux, oh excellent, je pense que je l'ai. J'étais un peu perdu parce qu'il y a beaucoup de mots, mais je voyais un seul numéro dans le lot. Êtes-vous en train de regarder le numéro Adam ? Dans tout ça, je suis passé à côté de quelque chose que je continue à voir brièvement, il y a aussi un animal n'est-ce pas Adam ? Il est assez bruyant et rapide, et c'est comme s'il allait et venait, comme s'il courait dans tous les sens peut-être. »

À ce stade, j'ai écrit « BLEU », « $ », « 24 000 », et « CHIEN », en grandes lettres sur le clipboard. Ce sont les éléments remarquables que j'ai repérés sur mon morceau de papier, lequel est une copie presque identique du morceau d'Adam.

Une fois que j'ai exploité le plus d'informations possible sur ce morceau, ma main se déplace sur le côté droit du clipboard pour récupérer mon morceau de papier et le froisser autour du corps du feutre ; je range le tout dans ma poche. Vous n'avez maintenant plus rien à cacher. (Vous pourriez même confier le clipboard à Adam et il peut garder son morceau de papier. Il pourrait rentrer chez lui et trouver le même magazine : tout sera parfaitement cohérent.)

Je me place ensuite légèrement derrière Adam, sur le côté, afin qu'il ne voie pas ce que j'ai écrit sur le clipboard.

« Adam, c'est absolument parfait, c'est même une des meilleures visualisations que j'ai vues depuis longtemps. Voyons les éléments que j'ai réussi à percevoir grâce à vous. »

Montrez le clipboard au public.

« Adam, vous aviez tout de suite remarqué une couleur, de quelle couleur s'agissait-il ?

- *Bleu.*

- *Parfait, et ensuite, je pouvais voir un symbole que vous m'envoyiez de façon très forte, c'était quoi ?*

- *Le symbole du dollar.*

- *Excellent, et il y avait un numéro, peut-être une somme d'argent, c'était combien ?*

- *24 000.*

- *Parfait, je pense que j'ai réussi à percevoir le bon nombre de zéros. Enfin Adam, quel était l'animal que vous essayiez de m'envoyer mentalement ?*

- *Un chien.*

- *Un chien ? Ouah, vraiment bravo Adam. J'ai bien reçu la couleur Bleue, le symbole du dollar, un montant de*

24 000 dollars et même votre petit chien. Excellente visualisation. Merci beaucoup pour votre aide ! Je crois qu'on peut l'applaudir pour son effort incroyable. »

Je tiens parfois le clipboard au-dessus de sa tête, face au public, ce qui fait un joli visuel pour les spectateurs. De temps en temps, un de vos éléments sera totalement ou partiellement faux. Cela ne fait que renforcer la crédibilité de l'effet. Je le sais car c'est ce que les gens me disent après ; ils m'expliquent qu'ils sont convaincus que c'est bien réel justement parce que j'ai fait une petite erreur, et ils me demandent si cela réussit à chaque fois. Je leur réponds toujours : *« Ce soir était un bon soir. D'habitude il y a plus d'erreurs, mais ce soir ça s'est très bien passé. »*

Réflexions finales

Cette routine est très impressionnante car vous prenez un volontaire dans le public et vous le faites voyager dans ses propres pensées. Bob Cassidy évoquait le voyage que le public fait avec vous. En termes de mentalisme pur, je pense que cette démonstration est la plus crédible de tout mon répertoire. Les divinations correctes, les approximations et les petites erreurs donnent vraiment l'impression que vous êtes capable de voir à travers les yeux du spectateur et cela crée un impact mental incroyable. Dans le monde entier, mes amis qui présentent ma routine m'ont confirmé que cela fonctionnait parfaitement pour eux. Lors d'un congrès américain, deux amis originaires de Caroline m'ont rapporté que c'était devenu un des meilleurs effets de leur répertoire.

Quand vous utilisez une publication fournie par le client, je vous conseille d'obtenir trois exemplaires. De cette façon, vous pouvez en préparer deux, puis laisser le troisième derrière vous après le spectacle. Je déchire simplement une page ou deux dans ce magazine et je le laisse à un endroit où les gens pourront le voir et le prendre plus tard. Ce genre de petits détails semblent inutiles à certains mentalistes, mais pour moi c'est justement de cette façon que vous pouvez créer une légende autour de votre prestation. Cela donne l'impression que vous avez conçu un spectacle juste pour eux.

Quand vous préparez une publication locale, recherchez les grandes zones vides sur des pages consécutives. Je choisis spécifiquement des magazines où une grande page vide n'est pas suivie d'une page également vide, car cela créerait un morceau de papier de couleur unie et sans choses intéressantes à deviner. Lors de la préparation, vous pouvez retirer à l'avance les pages inintéressantes qui ne permettraient pas à l'effet de fonctionner correctement. Dans certains magazines d'entreprise, j'ai parfois dû retirer trois pages consécutives car trop de surface était prise par des gens en costume cravate, ce qui m'aurait donné des morceaux noirs des deux côtés.

David Berglas est une des légendes du mentalisme. Je suis un grand admirateur de son travail, et la vraie leçon que vous pouvez apprendre de lui est la suivante : aucun effort n'est inutile. Dans les livres de David, certains effets demandent un effort complètement ridicule, mais c'est de cette façon que les réputations se forgent. J'ai vendu de nombreux DVDs de cet effet et je serais prêt à parier que beaucoup virent la méthode puis la mirent de côté en se disant qu'ils y reviendraient peut-être un jour. À l'inverse, celui qui n'ignorera pas cet effet se retrouvera avec quelque chose d'unique : quelque chose qui fera la différence entre lui et les autres mentalistes sur le marché. C'est aussi pour cette raison que j'adore présenter cette routine.

QUESTIONS & RÉPONSES EN SALON

Dans son livre *Pur effet*, Derren Brown décrit un effet où un calepin troué est utilisé pour récupérer secrètement des papiers pliés. John Riggs a également un calepin troué dans une des ses routines de « Questions & réponses ». Si nous remontons encore plus dans le temps, Alan Shaxon utilisait un calepin pour cacher une enveloppe dans son excellente routine « Confabulation », le calepin entier étant ensuite chargé dans un portefeuille à la carte, d'où était sortie l'enveloppe à la fin ; une idée brillante. Dans l'effet « Solid gold easy action » de Ben Harris, une carte à jouer est préparée pour ressembler à une enveloppe au verso ; cette méthode fut ensuite empruntée par Paul Harris, pour son effet « Envylope ». Depuis longtemps, je suis intrigué par l'idée d'un objet pouvant être astucieusement déguisé pour ressembler à un autre objet. J'appelle cela la « mutation d'un objet en un autre ».

Je ne suis pas un expert de la présentation de la célèbre routine « Questions & réponses », et de loin. C'est un des domaines du mentalisme que j'ai le moins exploré. Pourtant, Dieu sait que j'ai acheté plusieurs versions et que j'ai fait beaucoup de recherches sur cet effet. D'ailleurs je vous recommande toutes les publications de Lee Earle, John Riggs et Bob Cassidy à ce sujet ; je les ai lues, relues, et dévorées avec plaisir. La routine « 21st century Q&A » de Bob Cassidy est un chef d'œuvre.

La plupart de mes présentations de « Questions & réponses » furent pour des petits groupes lors de soirées privées. La majorité de mes contrats se font en entreprise et, comme le « Questions & réponses » traditionnel ne correspond pas vraiment à mon approche dans une situation d'entreprise, je n'ai jamais atteint ce que j'appelle « la version définitive de Sean Taylor ». J'ai présenté cet effet de temps en temps, quand je pensais que cela pouvait être adapté pour le public en face de moi.

Par exemple, j'ai un « Questions & réponses » amusant que j'utilise souvent lors de mon stage d'entraînement au service client, et j'en suis très satisfait. Cette version se base sur celle de John Riggs, avec la carte d'Hull. Je ne peux pas la publier ici car je n'ai fait qu'apporter la présentation. Cependant, je vous recommande vivement le DVD de Riggs.

Ce que je vais décrire ici est une méthode pour échanger l'information écrite par le public contre des papiers factices (puis pour les échanger à nouveau à la fin), et une méthode pour lire les papiers du public devant eux, à leur insu. Certains éléments de présentations sont empruntés au style de Kreskin, à une technique de Roy Johnson, et au principe de « mutation » évoqué précédemment.

Ce que le public voit

Le mentaliste distribue une série de petites fiches, dans un cadre intimiste. Les spectateurs écrivent leur nom, quelques informations vitales, et/ou ils peuvent poser des questions ou y répondre. Ces fiches sont récupérées puis le lot est confié à un spectateur qui les place dans une enveloppe, la scelle et la conserve sur lui.

Le mentaliste commence alors à décrire, répondre et « voir » les réponses, faisant parfois une pause (comme Kreskin) pour prendre quelques notes, montrant même ses gribouillis et ses dessins au public. Finalement, le mentaliste doit trouver une dernière réponse importante. Il demande à la personne concernée de se lever, il se concentre, annonce quelque chose de partiel, puis abandonne. Il reprend l'enveloppe, parcourt les fiches et lit à voix haute l'information qu'il n'avait pas réussi à deviner parfaitement.

Matériel nécessaire

Un paquet d'environ trente fiches sur lesquelles les spectateurs écriront.

Un paquet d'environ trente fiches « factices » de même taille, avec différentes choses déjà écrites au crayon.

Plusieurs crayons.

Un paquet d'enveloppes de taille A5 ou C5 ; elles doivent être plus grandes que les fiches.

Un calepin faisant environ la même taille que les fiches.

Un feutre Sharpie.

Une mini-agrafeuse.

Fiches

Les fiches font environ la même taille qu'une carte à jouer et vous allez utiliser un ordinateur pour y imprimer quelques informations simples au préalable. Cela peut être le prénom, la couleur préférée, l'animal d'enfance, etc. Vous pouvez aussi demander aux spectateurs d'écrire une question les concernant et à laquelle ils souhaitent recevoir une réponse.

Une méthode classique consiste à sous-entendre que toutes les fiches demandent la même chose (autrement dit, une question à répondre) mais, en réalité, la moitié des fiches demandent quelque chose de spécifique. Cela crée une double réalité très efficace plus tard. J'imprime mes fiches sur une feuille A4 épaisse, puis je les découpe moi-même, ce qui est très facile à faire de nos jours.

Fiches factices

Elles ont la même taille que les vraies fiches, et vous les avez déjà remplies. Elles ne sont vues que très brièvement donc elles ne sont pas très importantes.

Calepin

C'est la base de la méthode. J'utilise un petit calepin à spiral comme celui-ci :

J'ai arraché presque toutes les pages et j'ai laissé le reste dans la spirale. Cela crée l'illusion que le calepin est normal. Ne laissez vraiment que quelques pages intactes. Je soulève la couverture avant pour qu'elle se retrouve sous la couverture arrière.

Préparation

Les fiches normales et les crayons sont prêts. Si vous êtes droitier, placez le calepin dans votre poche droite de pantalon, couvertures contre vous. Placez l'agrafeuse dans la même poche. Le feutre va dans votre poche gauche.

Sur la table se trouvant à ma droite, j'ai posé le paquet d'enveloppes. Les fiches factices se trouvent faces cachées, sous le paquet d'enveloppes. Le tout est positionné au bord de la table de façon à ce que je puisse saisir l'ensemble d'un seul geste.

Présentation

Commencez par distribuer les fiches vierges au public, en demandant aux spectateurs de prendre le temps d'écrire leur information dessus. De nombreuses publications vous fournissent des justifications à cette requête étrange d'écrire des informations que vous allez lire dans leur esprit et pas sur le papier ; n'importe quel forum de magie ou de mentalisme sera une source de disputes... pardon, de conversations intéressantes à ce sujet.

Une fois que les spectateurs ont fini d'écrire, ils sont invités à faire passer leur fiche vers l'avant, face cachée. Un spectateur au premier rang est désigné pour rassembler les fiches, qui forment un petit paquet.

Je prends les enveloppes (et les fiches factices dissimulées dessous) en main gauche et je m'avance vers le spectateur qui a collecté les fiches. Ma main gauche fait un geste l'invitant à placer le paquet de fiches sur ma main droite, tendue paume vers le haut. Gardez votre main droite immobile, à plat et tendue vers le spectateur. Vous verrez alors qu'il placera facilement le paquet en position d'empalmage classique sur votre paume. Faites un petit ajustement si nécessaire.

La technique suivante est de Roy Johnson ; c'est une sorte de filage du dessus, réalisé sous les yeux du public. Je l'utilise depuis plusieurs années dans différentes routines ; contrairement à ce qu'on pourrait penser, c'est parfaitement trompeur. Plusieurs choses vont se produire en même temps et, comme les spectateurs ont énormément de mal à se concentrer sur deux choses en même temps (surtout si vous posez une question au même moment), cela passera inaperçu.

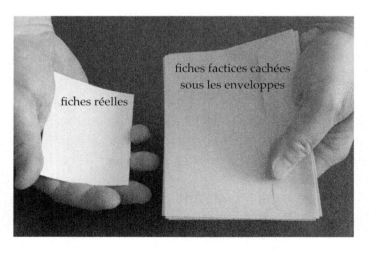

Regardez le spectateur droit dans les yeux tandis que votre main gauche place son paquet d'enveloppes sur les fiches de la main droite. La main droite continue de se déplacer dans la même direction que les enveloppes, et le paquet de fiches factices devient alors visible en main gauche, restée immobile.

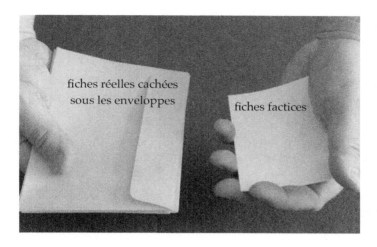

La main gauche saisit alors son paquet de fiches, se retrouve paume vers le bas, et les doigts gauches prennent l'enveloppe supérieure du paquet. Vous confiez alors immédiatement les fiches factices et l'enveloppe au spectateur, en lui disant : « *Veuillez prendre les fiches, les mettre dans l'enveloppe et la sceller s'il vous plaît.* »

Cette séquence d'actions ne prend pas plus de deux secondes. Vous vous retrouvez avec un paquet de fiches du public à l'empalmage classique, caché sous le paquet d'enveloppes.

Je me tourne ensuite sur ma droite pour que ma main gauche prennent les enveloppes de ma main droites, pour les poser sur la table. Mon corps cache ainsi ma main droite, elle tombe le long de mon corps et va immédiatement dans ma poche droite de pantalon. J'y lâche les fiches empalmées et ma main droite ressort avec la petite agrafeuse.

Le spectateur range les fiches factices dans l'enveloppe et vous lui confiez l'agrafeuse pour qu'il scelle l'enveloppe.

Ma main gauche va chercher nonchalamment le Sharpie dans ma poche gauche. En même temps, ma main droite range l'agrafeuse dans ma poche droite de pantalon ; vous en profitez pour égaliser les fiches avec le calepin dans cette poche, puis vous sortez le calepin de votre poche, avec les fiches secrètement chargées sur le dessus.

La session de « Questions & réponses » peut commencer. Vous allez maintenant vous adresser au public et lire leurs pensées. J'utilise ce moment pour égaliser le calepin contre le côté de mon corps, puis mes doigts soulèvent la couverture avant pour refermer le calepin par-dessus les fiches. Vous allez parfois écrire ou dessiner sur les fiches, faire une pause puis déchirer la « page » sur laquelle vous écriviez, puis la ranger dans votre poche. Cette séquence s'inspire de Kreskin (et avant lui, Dunninger), qui faisait semblant de prendre des notes pour comprendre les pensées qu'il recevait. Vous pouvez assez facilement trouver des vidéos de Kreskin faisant cela, pour voir son attitude pendant ce processus.

L'action de déchirer la « page » est une des choses qui rendent l'illusion convaincante. Si vous soulevez la fiche par l'arrière et que vous frottez son petit bord supérieur contre la spirale (dans le geste de l'« arracher »), le son et le geste seront identiques à une vraie page arrachée. Comme vous aviez vraiment arraché plusieurs pages du calepin pendant la préparation, les petits bouts de pages restés coincés dans la spirale et rendent l'illusion encore plus trompeuse. Si certains de ces petits bouts de papier tombent au sol quand vous faites semblant d'arracher une page, c'est encore plus convaincant ; vous pouvez donc cacher quelques-uns de ces bouts de pages déchirées dans les pages inférieures du calepin puis en faire tomber exprès quand vous « arrachez » une fiche.

Chaque fiche « arrachée » dévoile les informations sur la fiche suivante. Pendant votre prise de notes, vous pouvez parfois montrer ce que vous écrivez aux spectateurs du premier rang ; pour cela, « arrachez » une page, écrivez quelques notes au dos de la page suivante puis montrez-les au public.

Vous allez conclure avec une information qui vous donne des difficultés et que vous avez mémorisée. Cela peut être n'importe quoi parmi les informations que vous avez lues depuis le début, mais je préfère utiliser quelque chose de précis et personnel, par exemple un animal domestique inhabituel, ou une question surprenante. Vous devez faire semblant d'être frustré de ne pas arriver à la deviner.

« Adam, cela n'a pas vraiment de sens, mais ne me dites rien. Je pense à un lieu tropical et ça me fait penser à Hawaii, ne me dites rien. Je le vois clairement et pourtant ça reste flou. »

Rangez le calepin dans votre poche puis approchez-vous du spectateur qui tient l'enveloppe et saisissez-la d'un air frustré. Commencez à parcourir les fiches factices et à les ranger une par une dans votre poche droite, jusqu'à ne plus avoir qu'une fiche en main.

« Ah voilà, je comprends maintenant, c'est Haïti. Une île tropicale dans le Pacifique, mais pas Hawaï. Merci beaucoup Adam et merci à tous ceux qui ont partagé leurs pensées avec moi ! »

Bien que cela ne soit pas nécessaire, vous pouvez à nouveau échanger les fiches. Pour cela, sans regarder vos mains et tout en parlant au public, votre main droite va dans votre poche pour en sortir les fiches du public (laissez le calepin dans la poche) et rangez ces fiches dans l'enveloppe, que vous confiez ensuite nonchalamment au spectateur, puis vous déclenchez les applaudissements. Vous ne dites rien à propos des fiches, vous faites juste l'échange nonchalamment.

MENTALISME EN CLOSE-UP

Monnaie imaginaire

J'ai créé cet effet dans les années 1980, quand j'étais encore à l'université. Je l'ai récemment présenté dans une conférence IBM ; les réactions qu'il a déclenchées m'ont donné envie de le retravailler et de l'améliorer. C'est clairement un effet de magie mentale plutôt que de mentalisme, mais il est simple, net et étonnant ; de plus, il vous permet de jouer avec différentes possibilités de présentation. L'effet de Larry Becker avec trois enveloppes m'a inspiré le titre anglophone de mon effet et sa version est géniale quand les circonstances s'y prêtent. Un autre cousin proche est l'effet « Fading coin », de Tomoyuki Takahashi, développé par Eugene Burger dans le DVD *Exploring magical presentations* ; je vous conseille de le visionner si vous cherchez l'inspiration ou un texte de présentation ; personnellement, je n'aime pas l'inconvénient d'avoir deux pièces empalmées et de devoir faire un *lapping*, car je suis très rarement assis quand je fais de la magie ou du mentalisme ; « Monnaie imaginaire » est parfait en déambulatoire.

Ce que le public voit

Trois pièces imaginaires sont sorties d'une enveloppe. La spectatrice est invitée à prendre l'une des pièces pour la remettre dans l'enveloppe, où elle devient alors bien réelle.

Matériel nécessaire

Deux petites enveloppes avec un rabat sur le petit côté.

Deux pièces différentes correspondant aux deux plus petites pièces de votre monnaie locale. En Australie, j'utilise une pièce de cinq centimes et de dix centimes. En France, ce serait une pièce d'un centime et une pièce de deux centimes.

Une paire de ciseaux.

Préparation

Coupez les bords de la première enveloppe sur environ un ou deux millimètres. Gardez le grand rectangle du côté adresse et jetez les autres morceaux.

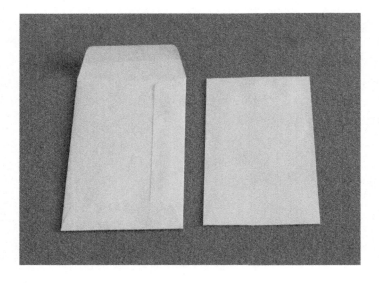

Placez cette cloison dans la deuxième enveloppe, obtenant ainsi une enveloppe double qui est à la fois simple mais efficace. L'un des points forts de cette méthode est sa simplicité. Cette cloison doit se loger parfaitement dans l'enveloppe, afin de ne pas glisser et sortir.

Tenez l'enveloppe ouverte avec le rabat loin de vous. Placez la plus grande pièce derrière la cloison, et la plus petite devant. Fermez le rabat. Vous êtes prêt.

Présentation

Sortez l'enveloppe de votre poche et expliquez que vous avez besoin de quelqu'un avec une bonne imagination. Votre main droite tient l'enveloppe de la façon suivante : le rabat est loin de vous, le pouce est sur un grand côté, le majeur et l'annulaire sont sur l'autre grand côté, et l'index est derrière l'enveloppe. Vos doigts droits ouvrent l'enveloppe et votre main gauche appuie légèrement pour maintenir l'enveloppe ouverte.

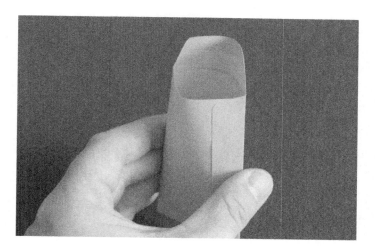

Penchez légèrement l'enveloppe pour que la spectatrice voie que l'enveloppe est ouverte, mais sans lui permettre de voir à l'intérieur.

En tendant votre main droite paume vers le haut, demandez à la spectatrice de tendre sa main également. Pendant ce détournement d'attention, votre index gauche appuie sur le corps de l'enveloppe pour en fermer l'ouverture ; le pouce, le majeur et l'annulaire gauches continuent à exercer une légère pression sur les grands côtés.

En même temps, pivotez l'enveloppe pour que le côté adresse soit vers la spectatrice. De son point de vue, l'illusion est parfaite : l'enveloppe est toujours légèrement courbée, le rabat est déplié, donc elle pense que l'enveloppe est toujours ouverte.

Faites semblant de verser le contenu de l'enveloppe dans sa main tendue. La courbure de l'enveloppe retient les vraies pièces à l'intérieur. Refermez le rabat et posez l'enveloppe.

Mimez le fait de prendre les trois pièces invisibles sur la main de la spectatrice et posez-les en rang sur la table, en les identifiant au passage.

« *Il y a une pièce d'un centime, de deux centimes et de cinq centimes.* »

Répétez cela en désignant à nouveau chaque pièce invisible.

« J'aimerais que, grâce à votre imagination, vous regardiez chaque pièce. La pièce d'un centime, de deux centimes et de cinq centimes. Maintenant, choisissez-en une ; une fois que vous avez pris votre décision, prenez votre pièce et placez-la dans l'enveloppe. »

Comme vous avez répété le nom des pièces et leur position sur la table, le geste de la spectatrice vous indique la valeur de sa pièce. Imaginons qu'elle a choisi la pièce d'un centime, ou celle de deux centimes.

Votre main gauche prend l'enveloppe (pouce sur un grand côté et doigts sur l'autre grand côté). Votre pouce droit ouvre le rabat (loin de vous) et l'enveloppe ; vous en profitez pour rabattre la cloison intérieure vers l'avant ou l'arrière, en fonction du choix de la spectatrice.

Tenez l'enveloppe de façon à ce que la spectatrice ne puisse pas voir à l'intérieur et invitez-la à lâcher sa pièce dans l'enveloppe. Demandez-lui d'écouter attentivement avec son imagination. Secouez l'enveloppe latéralement et délicatement : on entend maintenant clairement une pièce à l'intérieur de l'enveloppe. (Ne secouez pas trop fort, pour éviter que les deux pièces s'entrechoquent.) Demandez à la spectatrice de tendre à nouveau sa main, puis versez la pièce bien réelle dans sa main.

Si la spectatrice a choisi la pièce de cinq centimes, mimez le geste de prendre les deux pièces restantes et de les lâcher dans l'enveloppe. Demandez à la spectatrice de tenir sa pièce imaginaire de cinq centimes et d'imaginer qu'elle devient réelle.

« Écoutez attentivement le son des pièces d'un centime et de deux centimes qui deviennent réelles. »

Sans trop appuyer sur les côtés de l'enveloppe, secouez-la latéralement et les deux pièces s'entrechoqueront.

Enfin, tenez l'enveloppe ouverte près de la surface de la table. Le mouvement suivant nécessite de trouver le coup de main et ça n'est pas évident à expliquer. Vous allez donner une secousse qui suit la longueur de l'enveloppe en direction de l'ouverture, pour éjecter les deux pièces en même temps. Je termine alors en disant, d'un ton ironique, qu'elle peut garder la pièce de cinq centimes comme porte-bonheur.

Ranger les deux pièces réelles dans l'enveloppe se fait rapidement et facilement ; vous êtes alors prêt à recommencer l'effet à la table suivante.

Si je ne présente l'effet qu'une seule fois, je la déchire à la fin et je laisse les morceaux tomber par terre, impliquant ainsi que l'enveloppe est normale et vide. Évidemment, elle n'est ni vide, ni normale !

CINÉPHILE

Depuis plus de vingt ans, j'ai joué avec la méthode des cartes fines qui est à la base de cet effet. Mon effet « Ananas surprise »[8] s'est vendu à des milliers d'exemplaires et en est maintenant à sa troisième réédition ou, plus précisément, sa troisième incarnation. J'adore l'idée de faire choisir une carte ayant une caractéristique spécifique par rapport aux autres ; « Ananas surprise » m'a permis d'explorer ce concept sur scène.

Le « PHIL trick » de mon ami Trevor Duffy (inspiré par Max Maven, alias Phil Goldstein) a ouvert la porte à un nouveau type de méthodologie cartomagique. Trevor et d'autres créateurs ont développé de nombreuses variantes du thème de base. Le bond en avant fut de faire choisir au spectateur un élément imprimé au dos d'une carte puis, séparément, de faire choisir une carte, puis vous choisissez un élément et une carte ; lors de la révélation finale, votre carte correspond à l'élément du spectateur et votre élément correspond à votre carte. Deux climax pour le prix d'un. Le seul souci, c'est que le choix du spectateur est limité à un ensemble de vingt-six éléments, ce qui restreint à la fois son choix et le style d'éléments pouvant être nommés. « PHIL plus », « Trilogy » et « Thought wave » ont exploré différentes façons de contourner ce problème, mais personnellement je les trouve trop alambiqués. (Mon effet « Cinéphile » ressemble à « PHIL plus » mais je pense que vous le trouverez intrinsèquement plus intéressant.)

---

[8] Sean Taylor, « Ananas surprise », *Influences mentales*, trad. fr. Vincent Hedan, 2013, p. 149. (NDT)

C'est là qu'intervient Card Shark, en Allemagne. Christian Schenk a poussé la carte fine encore plus loin et créé des cartes qui ressemblent parfaitement à des vraies cartes, mais qui sont deux fois plus fines qu'une carte normale. Le jeu *Double Decker* (conçu par Card Shark) ressemble à un jeu normal (même examiné de près), cependant il contient cent quatre cartes. Deux jeux complets. Il existe différentes versions mais pour mon effet vous avez besoin d'un *Double Decker* à dos rouge, contenant cinquante-deux cartes fines différentes, et cinquante-deux cartes fines duplicata (jeu à forcer). Grâce à ça, le spectateur peut faire son choix dans un groupe de cinquante-deux éléments, donc c'est beaucoup plus facile de garantir le succès de l'effet !

Ce que le public voit

Vous expliquez au public qu'on vous demande souvent quelles sont vos passions en dehors de la magie. Vous répondez que vous aimez bien le cinéma et que vous allez leur montrer quelque chose sur ce thème. Invitez le spectateur à vous aider à créer un nouveau film ; cependant vous n'avez sur vous qu'un jeu de cartes. Continuez en disant que vous n'aimez pas tricher en magie, cependant ce film imaginaire s'intitulera *Le tricheur*.

Vous sortez deux cartes de visite et vous expliquez que vous allez commencer par écrire le nom de l'actrice principale du film. Vous l'écrivez sur le recto puis vous placez cette carte de visite sur la table, recto caché. Le spectateur doit maintenant écrire ouvertement le nom d'une carte à jouer sur le verso de cette carte de visite. Ensuite, vous écrivez le nom d'une carte à jouer sur le recto de l'autre carte de visite puis vous la posez recto caché sur la table ; vous invitez ensuite le spectateur à écrire le nom de l'acteur principal sur le verso.

Sortez le jeu de cartes de son étui pour montrer que les cartes ont des faces normales, mais que chaque dos a un nom d'acteur ou d'actrice écrit dessus. Vous sortez la carte correspondant au choix du spectateur puis vous retournez le jeu face en bas pour sortir la carte correspondant à l'acteur choisi par le spectateur.

Les cartes sont retournées et vous montrez l'actrice écrite au dos de la carte du spectateur, ainsi que la carte correspondant à l'acteur du spectateur. Aussi impossible que cela puisse paraître, ces combinaisons correspondent parfaitement à celles de vos cartes de visite. Vous pouvez terminer en laissant vos cartes de visite au spectateur.

Préparation

Vous devez préparer l'effet une première fois puis vous serez toujours prêt. Pour cela, vous allez écrire au dos des cent quatre cartes de votre jeu *Double Decker*. Je vous conseille de ne pas reprendre ma liste d'acteurs et d'actrices, car cela dépend de vos films préférés et de la culture des gens que vous avez en face de vous, en fonction du pays et de l'âge.

Lisez les instructions suivantes attentivement et ne commencez la préparation que quand vous avez parfaitement compris son fonctionnement. Une fois que vous commencez à écrire sur les cartes, vous ne pourrez plus corriger ou revenir en arrière, car vous allez utiliser un Sharpie à pointe fine.

Cinquante-deux cartes fines duplicata

Dans le *Double Decker*, prenez les cinquante-deux cartes duplicata. Au dos de ces cartes, vous allez écrire le nom de cinquante acteurs célèbres et de deux actrices. (Ces deux actrices serviront à prouver que vous avez bien un mélange d'acteurs et d'actrices. En ce moment, j'utilise Nicole Kidman et Keira Knightley.) Vous devez donc décider des acteurs que vous allez utiliser, et cette liste peut évoluer avec le temps. Je vous donne ici ma liste actuelle, à vous de voir les noms que vous voulez changer. J'ai récemment refait mon jeu car il manquait le nom de quelques superstars. Vous trouverez de nombreux classements sur Internet pour vous inspirer.

Al Pacino, Anthony Hopkins, Benedict Cumberbatch, Brad Pitt, Bruce Willis, Chris Hemsworth, Christian Bale, Christopher Walken, Clint Eastwood, Daniel Craig, Denzel Washington, Dustin Hoffman, Ed Norton, Eddie Redmayne, Ewan Macgregor, Gene Hackman, George Clooney, Harrison Ford, Hugh Jackman, Jack Black, Jack Nicholson, John Malkovich, John Travolta, John Voight, Johnny Depp, Keanu Reeves, Kevin Spacey, Leonardo DiCaprio, Liam Hemsworth, Liam Neeson, Mark Wahlberg, Matt Damon, Mel Gibson, Michael Caine, Michael Douglas, Michael Keaton, Morgan Freeman, Nicolas Cage, Orlando Bloom, Robert de Niro, Robert Downey Jr, Russel Crowe, Samuel L Jackson, Sean Bean, Sylvester Stallone, Tom Cruise, Tom Hanks, Tom Hardy, Tommy Lee Jones, Will Smith

Cinquante-deux cartes fines différentes

Prenez les cinquante-deux cartes fines différentes, plus un joker, au cas où un petit malin le choisit. Au dos de ces cartes, écrivez le nom d'une seule actrice célèbre. En ce moment, j'utilise Angelina Jolie ; je peux aussi vous suggérer Cameron Diaz, Liv Tyler ou Anne Hathaway. Choisissez celle qui vous donne le plus de possibilités. Angelina Jolie est aussi connue pour ses frasques hors caméra, donc elle est toujours dans les médias.

Composition du jeu *Double Decker*

Posez les cinquante-deux cartes « Angelina » faces en bas sur la table. Posez les cinquante-deux cartes « acteurs » par-dessus, toujours faces en bas. Dans la section « acteurs », insérez vos deux actrices (Nicole Kidman et Keira Knightley) en troisième et sixième position à partir du dos du jeu.

Rangez le jeu dans l'étui.

Prévoyez également deux cartes de visite (ou billets) opaques. Vous êtes prêt.

Présentation

« *Les gens me demandent souvent ce que je fais en dehors de la magie (ou en dehors de mon deuxième travail, nettoyeur de la barre de* pole dance *du bar du coin) ; j'aime aller au cinéma. Ce tour parle de cinéma et nous allons choisir ensemble les acteurs principaux du prochain succès de l'été. Comme je n'ai qu'un jeu de cartes, ce film sera un thriller intitulé* Le tricheur de La Rochelle. »

Utilisez le nom de la ville où vous vous produisez.

« *Avant de vous montrer les cartes, je voudrais que vous pensiez à n'importe quelle carte à jouer et que vous l'écriviez ici. Ne me laissez pas voir votre choix, et posez la carte de visite sur la table, écriture vers le bas. Pendant ce temps, je vais aussi écrire le nom d'une carte à jouer.* »

Le spectateur écrit sur sa carte de visite ; sur la vôtre, écrivez votre carte à jouer (la duplicata de votre *Double Decker*).

« *De l'autre côté de votre carte, je vais écrire le nom de l'actrice principale de notre film, et je vais peut-être choisir Angelina Jolie.* » Nommez l'actrice dont vous avez écrit le nom cinquante-deux fois.

« *De l'autre côté de ma carte, j'aimerais que vous écriviez le nom d'un acteur célèbre pour notre thriller. Souvenez-vous, c'est un film à gros budget et nous allons bientôt commencer le tournage, donc si vous faites comme le mec d'hier soir et que vous écrivez le nom d'un acteur décédé, le tournage n'aura aucune chance de fonctionner ; idem pour notre tour d'ailleurs.* »

Bien sûr, cette dernière phrase a pour but de pousser le spectateur à choisir quelqu'un dans votre Top 50. S'il écrit le nom d'un acteur absent de votre liste, vous devrez le rediriger vers un des noms que vous avez préparés. Comme c'est votre liste et que le public comprend cela, il n'y a rien de suspect dans le fait de dire que vous savez que le nom de son choix est absent de votre liste. En réalité, ça n'est même pas un mensonge si vous dites que vous avez fait des recherches minutieuses pour identifier les cinquante acteurs et actrices les plus célèbres. À vrai dire, cela arrive très rarement si vous précisez bien que vous avez besoin d'un des meilleurs acteurs courants.

Les cartes de visite se trouvent maintenant sur la table : une carte de visite avec l'acteur du spectateur, et une avec la carte à jouer du spectateur.

Prenez le *Double Decker* et étalez-le face en l'air entre vos mains, en faisant attention de ne pas dépasser le milieu du double jeu.

« J'ai pris ce jeu et j'ai écrit le nom des plus grands acteurs et actrices sur chacune des cinquante-deux cartes. »

Tout en parlant, retournez le jeu face en bas.

« Regardez, nous avons Tom Cruise, Brad Pitt… »

Étalez les dos progressivement pour montrer les noms différents. Quand vous arrivez aux actrices en troisième et sixième position, lisez bien leur nom et montrez-les bien au public. De plus, vous allez faire semblant de lire d'autres noms d'actrices sur d'autres cartes.

« Il y a Jennifer Lawrence… Cate Blanchett… »

Manipulez le jeu face en bas sans laisser voir les faces duplicata ou les dos « Angelina ».

Dans le jeu face en bas, trouvez la carte correspondant à l'acteur nommé par le spectateur et posez-la face en bas (donc acteur visible) sur la table à côté de la carte de visite où le spectateur a écrit son acteur.

Continuez en disant que le spectateur a aussi nommé une carte à jouer. Retournez le jeu face en l'air et sortez la carte à jouer nommée par le spectateur puis posez-la face en l'air sur la table à côté de la carte de visite où le spectateur a écrit sa carte à jouer.

« Je n'avais aucun moyen de savoir à l'avance que vous choisiriez le 4 de carreau [Nommez la carte à jouer écrite par le spectateur.] *et pourtant j'ai écrit le nom de l'actrice Angelina Jolie*

[Retournez la carte de visite pour montrer que vous aviez écrit Angelina Jolie.], *ce qui correspond parfaitement à l'actrice sur la carte que vous avez nommée, le vrai 4 de carreau.*

De la même façon, je n'avais aucun moyen de savoir à l'avance que vous écririez Brad Pitt sur la carte de visite où j'avais écrit "5 de trèfle" [Nommez votre carte duplicata.], *et pourtant je savais qu'il serait le nom au dos du 5 de trèfle. Finalement, c'est peut-être vous* Le tricheur de La Rochelle, *et j'aurais dû parier sur vos chances de deviner juste !* »

Méthode alternative

Plus récemment, j'ai commencé à adopter la méthode alternative suivante. Cela ressemble plus à du mentalisme pur et, au début, vous penserez peut-être que c'est un peu plus risqué. J'aime juste le fait que je semble ne rien toucher. Vous n'avez alors plus qu'à vous concentrer sur la restriction du choix de l'acteur. Quand vous serez à l'aise avec la première méthode, la présentation, et la gestion du spectateur, vous pourrez passer à cette méthode alternative.

Posez le jeu dans son étui sur la table et expliquez que vous ne pouvez plus rien changer, il est sur la table depuis le début. Sortez deux cartes de visite. Demandez au spectateur d'écrire une carte à jouer sur une des cartes de visite puis de la poser écriture cachée sur la table. Invitez-le ensuite à écrire le nom d'un acteur célèbre sur l'autre carte de visite puis de la poser écriture cachée sur la table.

Faites maintenant semblant de lire ses pensées, puis dites : « *Sur cette carte de visite* [Désignez la première.], *j'aimerais que vous écriviez "Angelina Jolie". Et sur cette carte de visite* [Désignez la deuxième.], *j'aimerais que vous écriviez "5 de trèfle".* »

Étalez le jeu du bout des doigts tout en insistant sur le fait que vous ne touchez rien (c'est absurde car vous touchez les cartes). Laissez le spectateur sortir son acteur et le placer à côté de la deuxième carte de visite ; laissez-le ensuite sortir sa carte à jouer et la placer à côté de la première carte de visite.

Faites monter la tension pour obtenir le climax le plus fort possible, en soulignant bien le fait que vous ne pouviez rien savoir à l'avance et que vous n'avez jamais rien touché. Terminez l'effet en laissant le spectateur constater la coïncidence.

LA TÊTE AU CARRÉ

J'ai conçu cet effet en 2009. J'avais beaucoup travaillé sur les cartes clés, j'avais joué avec quelques concepts de base, puis un effet d'Harry Lorayne m'a donné une idée. Lorayne avait une procédure assez compliquée au début et à la fin de l'effet. Cela n'utilisait que la moitié du jeu et vous deviez beaucoup toucher les cartes pendant l'effet. Joel Givens a sa propre version, publiée par Joshua Jay ; dans celle-ci, vous commencez par faire quatre faros parfaits !

J'aime « La tête au carré » parce que tout le travail est fait bien avant que l'effet semble commencer, et vous ne touchez plus du tout les cartes pendant la procédure. Cet effet est essentiellement une méthode simple pour localiser quatre cartes choisies grâce à plusieurs cartes clés. C'est devenu un effet régulier dans mon répertoire et, dans les bonnes conditions, c'est mon tour de cartes le plus impressionnant. Cela a vraiment l'air impossible.

Dans la famille des effets de mentalisme en close-up, cet effet donne plus une impression de mentalisme que de magie. Si vous n'êtes pas dérangé par l'utilisation des cartes à jouer en mentalisme, je vous implore d'essayer cet effet. Je l'ai souvent présenté tard le soir pour des groupes intimistes d'invités privilégiés et d'organisateurs d'évènements d'entreprise, et je me suis vite rendu compte de l'impact de ce tour. J'ai compris la puissance de cet effet pour la première fois quand je l'ai présenté lors d'une conférence à l'Australian Society of Magicians à Melbourne, en 2011. Je l'ai fait juste après l'entracte et, au moment du final, Charles Gauci (qui s'y connaît bien en cartomagie mentale) explosa et s'exclama : « *Impossible !* » Je devais avoir un sourire jusqu'aux oreilles en voyant que je l'avais bluffé à ce point. Je suis sûr que les soixante magiciens dans le public étaient tout aussi stupéfaits.

Ce que le public voit

Le mentaliste prend un jeu de cartes mélangé (voire même emprunté) et fait quatre piles égales, faces en bas sur la table. Quatre spectateurs sont invités à prendre un paquet chacun, à choisir une carte et à s'en souvenir. La carte est ensuite perdue dans le paquet, puis tous les paquets sont empilés dans n'importe quel ordre pour recomposer le jeu. La majorité de cette procédure se déroule dans le dos du mentaliste.

Les spectateurs sont invités à se concentrer sur leur carte et à la visualiser mentalement. Le mentaliste prend le jeu et en sort quatre cartes. Elles sont placées faces en bas devant les spectateurs. Ils nomment leur carte puis le mentaliste leur demande de retourner les quatre cartes faces en bas, révélant qu'il avait deviné juste.

Méthode

Comme je le disais précédemment, la carte clé est une de mes astuces préférées en cartomagie. J'utilise régulièrement des coins coupés, des cartes cornées, et une carte mémorisée sur et sous tous mes jeux. C'est un outil très polyvalent. Un des premiers trucs que vous apprenez quand vous êtes enfant consiste à regarder la carte de face du jeu puis à couper le jeu pour placer votre carte clé sur la carte choisie pour pouvoir la retrouver plus tard. J'ai expérimenté différentes façons de faire cela avec deux ou trois cartes clés mémorisées en même temps, et je me retrouvais souvent à devoir préarranger le jeu ou à devoir faire une manipulation au mauvais moment. Maintenant, imaginez faire cela avec quatre cartes, à partir d'un jeu mélangé. C'est ce que vous allez apprendre ici. J'ai créé une méthode pour mémoriser très rapidement quatre cartes clés, sans effort ou presque. En réalité, c'est ridiculement facile.

De préférence, présentez cet effet à un groupe assis à la table ; disons qu'il y a quatre spectateurs. (J'évoquerai d'autres situations plus tard.) Le jeu n'est pas préparé. D'ailleurs, c'est mieux si le jeu est mélangé avant l'effet.

« Dans un instant, je vais demander à chacun d'entre vous de se concentrer sur une carte. Vous pouvez choisir votre propre carte pour que ce soit un peu plus facile. Je vais vous confier un quart du jeu chacun. Vous devrez vous concentrer sur votre carte et essayer de la visualiser le plus clairement possible. Je vous demanderai ensuite d'essayer de me l'envoyer mentalement donc, une fois que vous aurez fait votre choix, vous devez vous concentrer sur chaque petit détail de la carte. »

Tout en faisant cette introduction, vous allez créer une pile de cartes devant chacun des quatre spectateurs, de la façon suivante.

Tenez le jeu face en l'air et étalez le jeu en partant du dos (pas en partant de la face comme vous le feriez habituellement). Vous devez trouver un trèfle dans une zone située environ entre la quatrième et la huitième carte à partir du dos. Coupez sur ce trèfle et posez cette pile de cartes face en bas devant le premier spectateur, de façon à ce que le trèfle soit sur la face de son paquet, contre la table ; mémorisez la valeur de ce trèfle. Disons qu'il s'agit du 4 de trèfle.

Étalez à nouveau le jeu à partir du dos et cherchez un cœur, à nouveau dans une zone située environ entre la quatrième et la huitième carte à partir du dos. Coupez sur ce cœur et posez cette pile face en bas devant le deuxième spectateur, le cœur étant sur la face de son paquet, contre la table ; mémorisez la valeur de ce cœur (par exemple, le 2 de cœur).

Étalez le jeu à partir du dos, cherchez un pique (toujours dans une zone proche du dos). Coupez sur ce pique et posez cette pile face en bas devant le troisième spectateur (pique sur la face, contre la table). Mémorisez le pique (par exemple, le 9 de pique).

Étalez le jeu à partir du dos, cherchez un carreau (toujours dans une zone proche du dos). Coupez sur ce carreau et posez cette pile face en bas devant le troisième spectateur (carreau sur la face, contre la table). Mémorisez le carreau (par exemple, le 6 de carreau).

Vous avez donc mémorisé une séquence de quatre chiffres : 4, 2, 9, 6. Comme vous avez choisi les familles dans l'ordre « TréCoeur PiCar », vous n'avez pas besoin de mémoriser les familles, vous en connaissez déjà l'ordre.

Tournez le reste du jeu face en bas et prenez des petits groupes de cartes du dessus pour les lâcher sur les quatre piles dans un ordre aléatoire. Continuez ainsi jusqu'à avoir utilisé tout le jeu pour égaliser les quatre piles.

Comme vous avez mémorisé « 4 2 9 6 », vous connaissez la carte clé se trouvant sur la face de chacune des quatre piles. Il aurait été extrêmement difficile de mémoriser quatre cartes à jouer au hasard dans un jeu mélangé. Grâce à mon système, vous obtenez quatre cartes clés instantanément et sous pression ; elles vous resteront en tête le temps de présenter l'effet. Je répète cette séquence de chiffres dans ma tête à plusieurs reprises pour être absolument certain de ne pas l'oublier. C'est facile, car vous venez de transformer quatre cartes à jouer en un numéro à quatre chiffres.

« Chacun d'entre vous va prendre son paquet et l'éventailler devant ses yeux. Regardez vos cartes et, quand vous en voyez une qui vous plaît, sortez-la de l'éventail et posez-la face cachée sur la table. »

Mimez ces actions pour éviter que les spectateurs ne coupent le paquet pour sortir leur carte.

« Maintenant, posez le reste de votre paquet sur la table. Prenez votre carte choisie et regardez-la bien. C'est important que vous observiez bien les couleurs, le design, la position exacte de chaque détail, ainsi que la forme des chiffres et des lettres. Tout cela sera important dans un instant. Maintenant posez votre carte sur le dessus de votre paquet et coupez le paquet. »

Je mime à nouveau l'action que je leur demande. Détournez partiellement le regard pendant qu'ils s'exécutent. Demandez ensuite à l'un d'eux d'empiler les paquets dans n'importe quel ordre et de vous dire quand c'est fait.

Autant que possible, vous allez tenter de convaincre les spectateurs que vous connaissez leur carte choisie avant que vous touchiez le jeu. En réalité, vous allez juste prendre le jeu et simplement sortir les quatre cartes à côté de vos clés. Vous allez le faire rapidement et de façon motivée.

« Je vais vous demander de tous vous concentrer sur votre carte aussi clairement que possible. Essayons avec ceux d'entre vous qui ont choisi une carte rouge. Concentrez-vous bien. Ouah, super, je reçois déjà quelque chose très clairement. Essayez de visualiser les cartes clairement dans votre esprit. Maintenant, ceux qui pensent à une carte noire, joignez-vous à nous. Concentrez-vous tous. Si vous trouvez que c'est plus facile pour vous de le faire en fermant

les yeux, n'hésitez pas. Très bien. Ça me semble très bien, je pense que j'ai au moins trois cartes dans le lot. Je vais peut-être devoir tenter ma chance sur la quatrième. »

Prenez le jeu et commencez à parcourir les cartes. Autant que possible, continuez à parler pendant ce processus. Vous cherchez vos quatre cartes clés. « 4 2 9 6 » : 4 de trèfle, 2 de cœur, 9 de pique, 6 de carreau. Souvenez-vous, chaque clé a été placée au-dessus de la carte choisie dans le paquet face en bas, donc chaque carte choisie sera au-dessus de vos clés dans le jeu que vous parcourez face en l'air.

Comme les paquets ont été empilés dans n'importe quel ordre, les cartes choisies ne seront pas dans l'ordre dans le jeu. Cependant, vous savez que la première carte choisie est au-dessus de votre clé trèfle, la deuxième carte choisie est au-dessus de votre clé cœur, la troisième carte choisie est au-dessus de votre clé pique, et la quatrième carte choisie est au-dessus de votre clé carreau. Trouvez les cartes choisies et placez-les devant les bons spectateurs.

Invitez chaque spectateur à nommer sa carte. Concluez en demandant à chacun de retourner la carte devant lui pour confirmer que vous aviez deviné juste.

Quels sont les risques ?

Quand les spectateurs choisissent leur carte dans leur paquet, surveillez-les pour garantir qu'aucun ne coupe son paquet pour choisir une carte. Au début, cela m'arrivait de temps en temps, mais maintenant j'ai éliminé ce risque en donnant des instructions plus précises sur la façon de choisir la carte. Les spectateurs ne sont pas habitués à manipuler des cartes autant que nous ; gérer un éventail, en sortir une carte et la poser sur la table sans tout faire tomber n'est pas aussi facile pour eux que nous le pensons. Si vous voyez un spectateur faire une erreur, vous pouvez délibérément annoncer que vous avez du mal à lire ses pensées. Je vais alors tenter ma chance et poser une carte aléatoire devant eux. Je n'ai jamais eu la chance de trouver la bonne carte au hasard, mais j'ai souvent réussi à convaincre ce spectateur qu'il y avait un lien entre sa carte pensée et la carte que j'avais posée devant lui : la valeur est proche, ou c'est la bonne famille, ou c'est une figure comme sa carte, etc.

À l'occasion, un spectateur prendra la carte de face de son paquet (la carte clé). Cela peut arriver si c'est un as, un roi ou une dame. Ça n'est pas un souci. En réalité, cela vous facilite les choses, car vous le repérez en surveillant le groupe pendant la procédure de choix.

Et s'il y a cinq ou six personnes à la table ?

Vous pouvez décider de ne présenter cet effet qu'avec quatre personnes. Cependant, une fois que vous avez compris le système de mémorisation, vous pouvez très bien ajouter des piles en continuant à suivre la progression « TréCoeur Picar ». La cinquième carte clé sera un trèfle, la sixième carte clé sera un cœur, etc. J'ai déjà utilisé jusqu'à huit piles, avec deux lots « TréCoeur Picar ». Bien sûr, vous devrez aussi mémoriser plus de valeurs et cela demande un peu d'entraînement.

La formation des piles, le détournement d'attention au temps, la coupe des paquets, la recomposition aléatoire du jeu, et le fait que vous ne touchez pas les cartes sont autant de degrés de tromperie qui rendent cet effet incroyablement impressionnant. Pour vous, c'est un effet simple, mais je pense que vous verrez que les réactions qu'il déclenche sont disproportionnées par rapport à la simplicité de la méthode.

DANS LE MILLE

Si vous avez déjà vu certains de mes effets, il y a de fortes chances pour que vous ayez déjà vu un effet où une carte nommée librement a des caractéristiques spécifiques par rapport à toutes les autres cartes. Je suis souvent revenu à ce thème. Un choix libre dans un groupe restreint offre de nombreuses possibilités. « Ananas surprise »[9] et « Crazy man's marked deck » sont deux de mes créations les plus populaires et correspondants à ce thème. Vous trouverez d'autres exemples dans ce livre.

L'effet « Premonition » d'Eddie Joseph est un de mes favoris. Dans son effet original (qui, incidemment, lui était antérieur et avait été publié presque sans aucune fanfare dans *Greater magic* de John Northern Hilliard), un spectateur nomme librement n'importe quelle carte et on découvre que cette carte est absente du jeu. C'est un effet difficile à rendre intéressant car il appartient à la catégorie des effets où on doit compter les cartes, ce qui est assez laborieux. Les gens se plaignent que l'« ACAAN » est ennuyeux, pourtant il faut rarement compter plus de la moitié du jeu. Sous sa forme originale, « Premonition » nécessite de compter cinquante et une cartes, et pourquoi ? Que découvrez-vous ? Rien ! Le climax est… le néant. La chose que vous cherchiez est celle qui manque dans le jeu. D'accord, c'est futé, mais est-ce que cela intéresse vraiment le public ? Pas vraiment.

En ce moment, un autre de mes centres d'intérêt est l'utilisation de méthodes multiples. Une seule méthode peut

---

[9] Sean Taylor, « Ananas surprise », *Influences mentales*, trad. fr. Vincent Hedan, 2013, p. 149. (NDT)

être trompeuse, mais des méthodes multiples sont toujours plus fortes. La superposition méthodologique vous permet d'envoyer l'esprit du spectateur dans différentes directions. De même, la « théorie des fausses pistes »[10] de Juan Tamariz mérite que vous vous y penchiez ; d'ailleurs, tous les livres de Tamariz regorgent d'astuces trompeuses et il comprend ces choses-là mieux que n'importe quel autre magicien vivant.

Tout cela nous amène droit « Dans le mille ». C'est ma troisième ou quatrième tentative de développer l'idée originale de « Premonition », et c'est la version qui me satisfait le plus. Toute l'attention est sur le spectateur ; ses actions déterminent le résultat final et toutes les cartes sont utilisées dès le début. Bien que je conseille de ne pas répéter un effet, le spectateur pourrait revoir cet effet plus tard dans la soirée et être tout aussi stupéfait. Vous pouvez présenter l'effet en donnant l'impression de ne jamais toucher les cartes ou faire quoi que ce soit, pourtant il y a un climax surprenant et astucieux, auquel personne ne s'attend. J'aime les blagues avec une chute inattendue, celles qui semblent aller dans une certaine direction puis qui prennent un violent virage à gauche. Mon effet en est l'équivalent magique.

Ce que le public voit

Le spectateur a deux étuis de cartes devant lui ; un bleu et un rouge. Il choisit le jeu « cible ». Le paquet choisi (disons qu'il s'agit du bleu) est ouvert et présenté face en l'air. Le spectateur doit parcourir ce jeu, choisir n'importe quelle

---

[10] Juan Tamariz, *Le nouveau chemin magique*, trad. fr. Alain Poussard, 2012, Éditions Georges Proust. (NDT)

carte (disons qu'il s'agit du 4 de trèfle) et la poser face en l'air à côté de l'autre étui.

Le reste du jeu bleu est étalé pour montrer que toutes les cartes sont différentes et que le choix était vraiment aussi libre qu'il paraissait. Le jeu est également étalé face en bas pour montrer les dos bleus.

Le spectateur est invité à ouvrir l'étui rouge et à compter les cartes en cherchant le 4 de trèfle. Il compte cinquante et une cartes mais le 4 de trèfle est absent. C'est la seule carte manquante dans le jeu rouge.

Le spectateur retourne le 4 de trèfle choisi dans le jeu bleu. Aussi incroyable que cela paraisse, cette carte a un dos rouge. C'est précisément la carte qui manquait dans le jeu rouge.

Vous ne touchez jamais rien !

Méthode

Dans mes tentatives précédentes (et d'ailleurs dans celles des autres aussi), la méthode consistait souvent à utiliser un jeu de cinquante et une cartes où les vingt-six premières cartes du jeu étaient répétées dans la deuxième moitié (avec une carte en moins). Le spectateur était ensuite forcé de choisir une des vingt-six cartes manquantes, ou plusieurs jeux étaient utilisés ; une version absurde fut même créée où vous deviez avoir quatre jeux en poche pendant votre table à table afin de pouvoir sortir le bon jeu ! J'ai expérimenté différentes façons de réduire le bloc de cartes répétées et j'ai essayé plusieurs subtilités pour guider le spectateur vers la sélection initiale. C'est le point de départ de la méthode que vous allez découvrir ici.

En voici un résumé : le spectateur nomme n'importe quel jeu et, indépendamment de son choix, une astuce de langage permet à la carte d'être choisie dans le jeu bleu.

Jeu bleu

Le jeu bleu contient cinquante-deux cartes, dont douze avec un dos rouge. Grâce à un forçage astucieux face en l'air (développé par David Regal et publié dans *Star quality* par Harry Lorayne), vous pouvez pousser le spectateur à choisir une de ces douze cartes à dos rouge, sans que vous ayez à toucher le jeu. Vous avez ensuite un moyen subtil de montrer que le reste du jeu est à dos bleu.

Jeu rouge

Le jeu rouge contient seulement cinquante et une cartes. Les douze cartes à dos rouge dans le jeu bleu sont absentes du jeu rouge. En conséquence, le spectateur peut choisir n'importe quelle carte à dos rouge dans le jeu bleu et elle sera manquante dans le jeu rouge. Onze cartes du jeu rouge sont dupliquées afin de remplacer les douze cartes forcées. Ces onze duplicata sont répartis dans le jeu de façon à être invisibles.

Matériel nécessaire

Vous aurez besoin de deux jeux rouges et d'un jeu bleu pour présenter l'effet tel qu'il est décrit plus haut. La combinaison inverse fonctionne bien sûr tout aussi bien.

Préparation

De nombreuses combinaisons de cartes fonctionnent mais je vais vous donner les cartes précises que j'utilise dans ma préparation personnelle, afin que vous puissiez faire pareil. (Au passage, il est bon de savoir que, même si trois jeux sont nécessaires pour la préparation, avec quatre jeux vous pouvez préparer l'effet en double. Ce double peut vous servir d'exemplaire de rechange en cas d'urgence, ou vous pouvez le partager avec un ami.) Évidemment, vous êtes libres d'utiliser n'importe quel type de dos qui vous plaît, de nos jours ce n'est pas le choix qui manque !

Jeu rouge

Dans le jeu rouge, retirez les cartes suivantes : as de cœur, 2 de cœur, 3 de cœur, 4 de trèfle, 5 de trèfle, 6 de trèfle, 7 de carreau, 8 de carreau, 9 de carreau, 10 de pique, valet de pique, dame de pique. Mettez-les de côté, elles serviront dans un instant.

Ces douze cartes sont remplacées par onze cartes venant de l'autre jeu rouge. Voici celles que j'utilise : 2 de trèfle, 3 de trèfle, 4 de cœur, 5 de cœur, 6 de cœur, 7 de cœur, 7 de trèfle, 8 de trèfle, 9 de trèfle, 10 de carreau, valet de carreau. Vous pouvez utiliser celles que vous voulez, cependant un duplicata d'as pourrait être repéré. Mélangez ces onze cartes dans le jeu rouge, en faisant bien attention qu'aucune ne se retrouve à côté de son duplicata. Je vous conseille d'avoir une vingtaine de cartes entre chaque couple de duplicata pour que personne ne remarque la répétition.

Je mémorise toujours la dernière carte à dos rouge (valet de carreau dans mon cas).

Jeu bleu

Dans le jeu bleu, retirez les cartes suivantes : as de cœur, 2 de cœur, 3 de cœur, 4 de trèfle, 5 de trèfle, 6 de trèfle, 7 de carreau, 8 de carreau, 9 de carreau, 10 de pique, valet de pique, dame de pique. Elles ne serviront pas.

Ordonnez ensuite le jeu bleu de la façon suivante. Une carte quelconque à dos bleu se trouve sur la face du jeu bleu. Cette carte quelconque est suivie des douze cartes venant du jeu à dos rouge : as de cœur, 2 de cœur, 3 de cœur, 4 de trèfle, 5 de trèfle, 6 de trèfle, 7 de carreau, 8 de carreau, 9 de carreau, 10 de pique, valet de pique, dame de pique. (Bien sûr, ces douze cartes ne sont pas dans cet ordre numérique, elles sont mélangées.) Ces douze cartes à dos rouge sont suivies du reste du jeu à dos bleu.

Faisons le point. Si vous étalez ce jeu face en l'air, toutes les cinquante-deux faces d'un jeu normal sont visibles. Si vous étalez ce jeu face en bas, vous voyez un bloc de douze dos rouges sur la face du jeu, plus une carte à dos bleu.

Présentation

Les deux jeux se trouvent sur la table.

« Nous allons essayer quelque chose d'assez difficile pour vous, donc j'ai besoin que vous soyez concentré. Je vais vous demander de cibler une carte spécifique dans l'un de ces deux jeux. Atteindre cette cible sera difficile, car je ne vais vous donner aucun indice et, à partir de maintenant, c'est vous qui prendrez toutes les décisions. Adam, tout repose sur vous : vous vous sentez à la hauteur ? Parfait, alors commençons. Un de ces deux jeux sera notre cible. À vous de dire lequel. »

Si le spectateur désigne le jeu rouge, continuez ainsi : *« Parfait, le jeu rouge sera notre cible et nous allons viser une seule carte de ce jeu. Poussez le jeu sur le côté, dans le coin de la table à côté de vous. Ouvrez le jeu bleu face en l'air devant vous. »*

Si le spectateur désigne le jeu bleu, continuez ainsi : *« Parfait, nous allons viser une carte dans le jeu bleu. Poussez le jeu rouge sur le côté pour l'instant. Ouvrez le jeu bleu face en l'air devant vous. »*

Donc, quelle que soit la décision du spectateur, le jeu rouge se retrouve sur le côté et le jeu bleu se retrouve face en l'air devant lui.

« Maintenant j'aimerais que vous coupiez le jeu en deux paquets à peu près égaux s'il vous plaît. »

Surveillez le spectateur à ce stade, car la moitié supérieure du jeu bleu (quand il est face en l'air) contient les douze cartes rouges à forcer.

« Comme je le disais tout à l'heure, vous allez prendre toutes les décisions Adam. Prenez l'un des deux paquets et poussez-le vers moi. »

Le spectateur s'exécute.

S'il vous donne le paquet avec les cartes à forcer :

« Poussez l'autre paquet sur le côté Adam. Voici ce que je veux que vous fassiez avec le paquet que vous avez choisi. Prenez chaque carte, regardez-la attentivement pendant quelques secondes, et décidez si c'est la carte que vous voulez. Si vous n'en voulez pas, reposez-la sur la table et continuez ainsi jusqu'à atteindre une carte que vous aimez. Quand vous l'avez, j'aimerais que vous la posiez simplement à côté de l'étui rouge. »

Vous illustrez vos propos en prenant la première carte à la face du paquet (la carte quelconque à dos bleu). Vous la regardez un instant (au passage, le spectateur voit son dos bleu) puis vous la reposez sur la table. Vous ne pouvez pas laisser voir le dos de la carte suivante car il est rouge. Prenez juste cette carte et posez-la sur la première carte que vous avez éliminée. Toujours en expliquant ce que vous attendez du spectateur, reprenez ces deux cartes et reposez-les une par une sur la face du paquet sur la table ; la carte quelconque à dos bleu est donc à nouveau sur la face.

Si vous êtes entouré par le public, vous devez protéger vos angles et faire en sorte que le spectateur ne soulève pas chaque carte à la verticale, au risque de révéler les dos rouges. Dans ce cas, illustrez vos propos en gardant toujours les cartes faces en l'air et horizontales.

Quand vous avez terminé vos explications, poussez le paquet vers le spectateur.

S'il vous donne le paquet sans cartes à forcer :

« *OK, je prends celui-là. Voici ce que je veux que vous fassiez avec votre paquet. Prenez chaque carte, regardez-la attentivement pendant quelques secondes, et décidez si c'est la carte que vous voulez. Si vous n'en voulez pas, reposez-la sur la table et continuez ainsi jusqu'à atteindre une carte que vous aimez. Quand vous l'avez, j'aimerais que vous la posiez simplement à côté de l'étui rouge.* »

Illustrez vos propos en prenant la première carte de votre paquet. Vous la regardez un instant (au passage, le spectateur voit son dos bleu) puis vous la reposez sur la table. À nouveau, si vous êtes entouré par le public, vous devez faire en sorte que le spectateur ne soulève pas chaque carte à la verticale, au risque de révéler les dos rouges. Dans ce cas, illustrez vos propos en gardant toujours vos cartes faces en l'air et horizontales.

Dans les deux cas, la situation est maintenant la suivante. Le spectateur a devant lui environ la moitié du jeu et il doit simplement s'arrêter avant la treizième carte à partir de la face. Comme vous venez de bien prendre votre temps en regardant quelques cartes pendant cinq ou six secondes, il faudrait un peu plus de deux minutes pour regarder chaque carte du paquet. Dès que le spectateur commence à regarder ses cartes, restez parfaitement silencieux et vous verrez que même trente secondes semblent durer une éternité. Le spectateur est comme un lapin dans les phares d'une voiture, la pression s'accumule sur lui et il s'arrêtera toujours parmi les cinq ou six premières cartes.

Que faire s'il dépasse le bloc de douze cartes à forcer ?

Honnêtement, je peux vous dire que cela ne m'est jamais arrivé. Mais pour ceux qui paniquent à ce genre d'idées, voici comment je gérerai la situation. N'oubliez pas, il ne sait pas ce qui va se passer, donc vous pouvez inventer toutes les règles.

Expliquez simplement que, comme vous le disiez, vous ne lui donneriez aucun indice mais, comme il a choisi la mauvaise carte, vous devez réessayer. Reconstituez le paquet dans son ordre original ; pour cela, coupez simplement la première carte à dos rouge sur la face du paquet, puis ajoutez une carte quelconque à dos bleu par-dessus. Cette fois, vous tenez le paquet et vous distribuez les cartes une par une, en allant très lentement. Quand le spectateur vous arrête, commentez sur le fait que vous êtes content de son choix, puis continuez l'effet comme prévu.

Montrer tous les dos bleus

Le spectateur a donc choisi sa carte (disons qu'il s'agit du 4 de trèfle) et l'a placée face en l'air à côté de l'étui rouge. Quant au jeu bleu, il est maintenant réparti en trois piles : la moitié éliminée au début, les cartes qui viennent d'être distribuées lentement, et le reste. Prenez d'abord les cartes distribuées et étalez-les faces en l'air.

« Adam, souvenez-vous, vous auriez pu choisir n'importe laquelle de ces cartes et, au passage, aucune n'est le 4 de trèfle. »

Égalisez ce paquet et retournez-le face en bas. Seule la première carte distribuée a un dos bleu et c'est ce dos qui est visible quand vous retournez le paquet égalisé. Le spectateur n'a aucune raison de penser que tous ces dos ne sont pas bleus.

Prenez ensuite le reste, le paquet d'où viennent les cartes distribuées. Étalez-les faces en l'air et rappelez à nouveau à Adam qu'il aurait pu choisir n'importe laquelle, et qu'aucune n'est le 4 de trèfle. Toutes ces cartes ont un dos bleu, sauf quelques cartes sur la face du paquet. Étalez nonchalamment ce paquet face en bas jusqu'à la moitié, pour montrer les dos bleus ; n'attirez pas particulièrement l'attention là-dessus. Posez ce paquet face en bas sur les cartes éliminées que vous aviez montrées précédemment.

Prenez enfin la moitié éliminée au début. Étalez-les face en l'air pour montrer que n'importe laquelle aurait pu être choisie et qu'aucune n'est le 4 de trèfle. Retournez ce paquet et étalez-le nonchalamment face en bas en réitérant la liberté de son choix. Posez ces cartes sur les précédentes, puis rangez ce jeu dans son étui. En les replaçant dans l'étui bleu, vous renforcez à nouveau l'idée d'un jeu entièrement à dos bleu.

Révélation finale

« *Adam, j'aimerais que vous ouvriez l'étui rouge et que vous en sortiez le jeu. Nous allons parcourir ces cartes pour trouver celle que vous avez choisie, le 4 de trèfle correspondant. Pendant que nous faisons cela Adam, j'aimerais que vous comptiez les cartes à voix haute pour vous assurer qu'il y en a bien cinquante-deux.* »

Le spectateur compte donc les cartes en cherchant la sienne, et se rend compte qu'il n'y a que cinquante et une cartes dans ce jeu rouge.

« *Adam, je vous rappelle que vous avez choisi un jeu comme cible, puis vous avez choisi librement une carte dans le jeu bleu* [ou "jeu cible", si c'était le cas]. *Et si la carte précise que vous avez choisie dans le jeu bleu était en fait la carte manquante dans le jeu rouge ? Adam, retournez le 4 de trèfle. Ah ! C'est la carte manquante. Dans le mille !* »

Pour terminer en montrant subtilement que la carte est apparemment revenue à son emplacement original, je lâche cette carte sur le jeu rouge, que je range ensuite dans l'étui rouge.

Voilà. Les mots me manquent pour exprimer les réactions que j'ai obtenues avec cet effet. Je l'ai souvent présenté à de nombreux évènements magiques et cela trompe les magiciens autant que les profanes.

Pour moi, ça n'est pas vraiment un effet à présenter en déambulatoire, mais je le trouve parfait pour les sessions tardives que je fais parfois avec mes clients. C'est également parfait pour un spectacle de close-up.

MENTALISME DE SALON

ACAANA

(ACAAN Audacieux)

L'inspiration me vient parfois à des heures improbables. Je m'étais réveillé un samedi matin et, pour une raison quelconque, je n'avais rien de mieux à faire à quatre heures du matin que de me lever et de me dépêcher d'écrire cette idée avant de l'oublier. Aussi embêtant que cela soit, je suis bien content de l'avoir fait. Ces attaques d'inspiration fulgurantes sont bien plus agréables que les périodes de sécheresse que je connais parfois. Par exemple, tout le livre traitant de mon jeu *Symbology* a été écrit entre deux heures et cinq heures du matin ; la créativité jaillissait littéralement de mon esprit. J'arrivais à écrire assez vite et c'est la raison pour laquelle un tour de cartes est devenu un livret de quarante pages.

L'« ACAAN » décrit ici est une combinaison d'audace, de technique et d'une méthode connue, le tout créant une superposition méthodologique à toute épreuve. Comme je le disais précédemment, les méthodes multiples sont souvent une façon excellente de tromper le public, et cet effet en est un bon exemple.

Ce que le public voit

Un jeu de cartes est mélangé puis placé sur une petite table, à côté d'un verre à vin. Un grand bol de cristal est également posé sur la table.

Les deux premiers rangs du public (en imaginant qu'autant de gens soient venus voir un tour de cartes) reçoivent des papiers et des crayons. Chacun doit écrire un numéro entre un et cinquante-deux sur son papier. Parmi les sièges plus éloignés et moins chers, un spectateur est choisi au hasard. Il reçoit un papier sur lequel il est invité à écrire le nom de n'importe quelle carte à jouer.

Son papier est placé dans le verre à vin, lequel est laissé sur la table. Les papiers numérotés sont collectés dans le grand bol puis amenés sur scène.

Jusque-là, rien de suspect.

Le spectateur ayant écrit le nom d'une carte à jouer est invité à monter sur scène, ou une autre personne est choisie dans le public. Vous récapitulez les actions effectuées jusque-là.

Vous prenez un papier numéroté dans le bol et vous lisez le numéro à voix haute. Le spectateur prend le jeu de cartes et compte jusqu'à ce numéro. La carte se trouvant précisément à cette position est laissée face en bas.

Vous prenez le papier dans le verre et vous lisez la carte écrite dessus. Le spectateur retourne la carte qu'il tient et c'est précisément la bonne.

Cet effet se présente sans assistant, sans *peek*, et la description n'omet aucun détail.

Secrets

Le mélange du début est faux, et les cartes sont dans l'ordre de votre chapelet favori.

Le papier sur lequel est écrite la carte est échangé contre un billet vide quand vous le déposez dans le verre et retournez sur scène. Une jolie méthode pour cela est le change de Down, habituellement utilisé pour les pièces, et décrit dans les livres de Nelson Down ou de Bobo. N'importe quel change de billet fait également l'affaire ; *Switchcraft*, par Elliot Bresler, contient des idées excellentes que vous pouvez utiliser ici. Le change est parfaitement couvert et le verre « isole » le papier.

Faisons un point sur la situation. Vous avez un verre sur la table, avec un papier échangé à l'intérieur. Vous avez un grand bol de papiers numérotés. Vous avez un jeu en chapelet sur la table. Le vrai papier (sur lequel le spectateur a écrit sa carte) se trouve à l'empalmage du pouce.

Votre main plonge dans le bol et semble en sortir un papier numéroté. En réalité, vous sortez le papier empalmé.

En dépliant ce papier, vous voyez le nom de la carte écrite par le spectateur. Vous faites alors semblant de lire un numéro, le numéro correspondant à la position de cette carte dans votre chapelet. Autrement dit, si vous utilisez le chapelet Mnemonica de Juan Tamariz et que vous avez lu la carte « 6 de pique », vous annoncez le numéro quinze.

Vous faites ensuite semblant de remettre ce papier dans le bol, mais vous le gardez en main. (Récemment, et principalement pour tromper les magiciens, je prends un papier supplémentaire dans le bol, en plus d'en sortir le papier sur lequel la carte est écrite. Je vois le nom de la carte, j'annonce en fait la position correspondante dans le chapelet, puis je jette le papier supplémentaire dans le bol, ce qui me permet de rendre le papier de la carte au spectateur plus tard.)

Prenez le verre et versez le papier vide dans votre main. Vous pouvez alors le déplier et simplement annoncer la carte qui était écrite. Ou, si vous êtes audacieux, échangez ce papier vide contre le papier de la carte et tendez-le nonchalamment à votre spectateur. Personnellement, je préfère faire le change puis lâcher le papier sur la table en disant : « *Je ne veux pas le toucher.* »

Il ne vous reste plus qu'à demander au spectateur de prendre le papier, de lire le nom de la carte puis de compter jusqu'à cette carte dans le chapelet.

Ne passez pas à côté de cet effet de salon.

CHAPELET INSTANTANÉ

Il ne fait aucun doute qu'arranger un jeu de cartes dans un ordre connu offre des avantages énormes pour de nombreux effets. Que vous vous produisiez en close-up ou sur scène, le chapelet est un outil utile. J'ai exploré différentes approches du chapelet et j'en ai conclu que, comme pour n'importe quelle boîte à outils, c'est une bonne idée d'avoir un éventail d'outils variés pour résoudre différents problèmes. Ce qui suit n'est pas une solution miracle à tous vos soucis de chapelet, mais c'est une méthode instinctive, trompeuse, et très rapide à apprendre. J'ai fait des recherches poussées mais je n'ai pas trouvé d'antécédent. Cependant, l'idée me semble assez évidente donc, si vous pensez avoir inventé la même chose avant moi, premièrement je suis désolé et deuxièmement contactez-moi pour que nous rendions à César ce qui appartient à César.

Les chapelets se divisent en trois grandes catégories.

Chapelets mémorisés

Un chapelet mémorisé est un jeu dans lequel certaines cartes occupent des positions spécifiques permettant des révélations, des distributions (poker, etc.) ou des effets spécifiques, cependant l'ordre des cartes ne suit pas de motif apparent à proprement parler. Dans cette catégorie, vous retrouvez des classiques comme les chapelets d'Aronson et de Tamariz.

Chapelets cycliques ou à formule

Il peut y avoir une formule régulière, dans laquelle une ou deux cartes vous indiquent la suivante ou la précédente. Ces chapelets sont souvent cycliques, c'est-à-dire que la cinquante-deuxième carte vous ramène à la première en suivant toujours la même formule.

L'avantage de ces chapelets est que vous pouvez couper le jeu car le point de départ n'est pas important. Autrement dit, il n'y a pas de première carte et de dernière carte. Cette catégorie inclut les nombreuses variantes que nous connaissons sous le nom de chapelet Si Stebbins (même si cette idée avait déjà été publiée longtemps avant Stebbins), ainsi que le *Breakthrough card system* de Richard Osterlind. Je dois préciser ici que, contrairement au Si Stebbins, le chapelet d'Osterlind (bien qu'astucieux et moins facile à repérer) ne permet pas de fonctionner à rebours ; c'est une faiblesse et cela affecte mes utilisations du chapelet, donc je préfère le Si Stebbins.

Je dois aussi mentionner le livre posthume de Pat Page, *Magic Page by Page*, qui contient des travaux brillants sur le Si Stebbins et que je n'ai lu nulle part ailleurs.

Chapelets à calcul

C'est une catégorie un peu spéciale. Un calcul mathématique vous permet de connaître la position d'une carte dans le jeu. Un exemple est le chapelet inventé par Boris Wild[11] ; vous utilisez la famille et la valeur de la carte pour faire un petit calcul qui vous mène à la position numérique de cette carte dans le jeu. Je présente deux effets où le chapelet est utilisé pour cette propriété spécifique, et je trouve ça assez pratique. (Mes deux effets n'ont pas encore été publiés.)

Les discussions sur le choix d'un chapelet et leurs mérites dureront pour toujours. Rien de ce que je dirai ne pourra faire la moindre différence. Cependant, je suis sûr d'une chose : je doute qu'une personne possédant un vrai chapelet mémorisé revienne un jour à d'autres types de chapelets. Dans votre cas, ce qui suit ne sera peut-être qu'une curiosité intéressante.

Si vous avez besoin d'une méthode pour trouver une carte dans le jeu, vous appréciez mon approche. C'est un chapelet à calcul où (comme avec celui de Boris Wild) un petit calcul simple vous donne la position de la carte dans le jeu. L'avantage, c'est que mon chapelet a l'air plus mélangé si vous l'étalez face en l'air.

J'avais aimé un effet publié par Mago Migue, pour lequel j'avais décidé que j'avais besoin d'un moyen rapide pour connaître la position approximative d'une carte spécifique dans le jeu. Comme je ne pratique pas assez le chapelet Aronson, je voulais une solution rapide où le jeu n'était pas

---

[11] Boris Wild, *Transparence*, 2012, C.C. Editions & Fantaisium. (NDT)

dans l'ordre d'un jeu neuf (l'ordre utilisé par Mago Migue). L'ordre d'un jeu neuf peut faire l'affaire jusqu'à un certain point, puisque l'effet se présente sur scène. Mais je me disais que ce serait un avantage de pouvoir montrer les faces du jeu et que le public les voit mélangées. De plus, si vous laissez traîner un jeu dans l'ordre neuf plus tard et que quelqu'un y jette un coup d'œil, cela sera suspect.

D'où la création de mon « Chapelet instantané ». Non seulement cela me donne la position approximative (par estimation) comme un jeu dans l'ordre neuf, cela me permet aussi d'aller un peu plus loin et de trouver la position exacte grâce à un petit calcul.

Résumé du Chapelet instantané

Les cartes noires sont dans l'ordre numérique du dessus au dessous, et alternent avec les cartes rouges qui sont dans l'ordre numérique opposé du dessus au dessous.

Pour préparer le chapelet, arrangez les cartes noires de l'as au roi, d'abord les trèfles, puis les piques, en allant du dos du paquet vers la face. Arrangez ensuite les cartes rouges du roi à l'as, d'abord les cœurs, puis les carreaux, en allant du dos du paquet vers la face. Enfin, alternez les deux paquets parfaitement, afin que la carte supérieure du jeu soit l'as de trèfle et que la carte de face soit l'as de carreau.

1	A♣	14	7♡	27	A♠	40	7◇
2	K♡	15	8♣	28	K◇	41	8♠
3	2♣	16	6♡	29	2♠	42	6◇
4	Q♡	17	9♣	30	Q◇	43	9♠
5	3♣	18	5♡	31	3♠	44	5◇
6	J♡	19	10♣	32	J◇	45	10♠
7	4♣	20	4♡	33	4♠	46	4◇
8	10♡	21	J♣	34	10◇	47	J♠
9	5♣	22	3♡	35	5♠	48	3◇
10	9♡	23	Q♣	36	9◇	49	Q♠
11	6♣	24	2♡	37	6♠	50	2◇
12	8♡	25	K♣	38	8◇	51	K♠
13	7♣	26	A♡	39	7♠	52	A◇

Localisation rapide par estimation

Les trèfles et les cœurs sont dans la moitié supérieure. Pour trouver un trèfle, vous savez que sa position est à peu près le double de sa valeur ; par exemple, le 4 de trèfle se trouve à environ huit cartes du dessus (4 x 2 = 8). Pour trouver un cœur, inversez le processus ; par exemple, le 4 de cœur se trouve à environ huit cartes au-dessus du milieu du jeu, donc à environ dix-huit cartes du dessus du jeu (26 - 8 = 18).

Les piques et les carreaux sont dans la moitié inférieure et suivent les mêmes règles. Le 4 de pique se trouve huit cartes sous le milieu du jeu, ou à dix-huit cartes de la face du jeu. Le 4 de carreau se trouve à environ huit cartes de la face du jeu.

Localisation précise

Trèfle : doublez la valeur et soustrayez 1. Le 4 de trèfle se trouve précisément en septième position.

Cœur : soustrayez la valeur à 14, puis doublez le résultat. Le 4 de cœur se trouve précisément en vingtième position.

Pique : traitez les piques comme les trèfles, puis ajoutez 26. Le 4 de pique se trouve précisément en trente-troisième position.

Carreau : traitez les carreaux comme les cœurs, puis ajoutez 26. Le 4 de carreau se trouve précisément en quarante-sixième position.

MENTALISME SUR SCÈNE

COUP DE CHANCE

Certains de mes effets naissent de mon besoin de présenter quelque chose pour un public spécifique, et c'est le cas ici. Certaines de mes créations furent développées à partir d'une méthode que j'aimais, et c'est le cas ici. Certaines de mes idées me viennent d'une intrigue ou d'un thème, et c'est le cas ici.

Si vous pouviez prédire le futur, même des choses simples, vous seriez certainement capable de prédire cinq chiffres parmi cinquante pour le loto. Serait-ce si difficile ?

La mode des prédictions de loto revient régulièrement. La plupart des méthodes sont compliquées et maladroites ; la plupart n'ont pas grand-chose (ou rien) à voir avec le loto. À plusieurs reprises dans ma carrière, les gens m'ont évoqué les numéros du loto. Ma réponse est généralement quelque chose comme « *Si je pouvais prédire le loto, je ne serais pas là un vendredi soir* » (bien sûr, sur un ton clairement ironique).

Donc, étant donné qu'une prédiction du loto ne sera jamais vue comme quelque chose de plausible, mon désir était de créer un effet amusant en parallèle de l'impossibilité du loto. Autrement dit : et si je pouvais prédire quelque chose d'aussi impossible que le loto ? Le résultat est « Coup de chance ».

La routine ne prend pas de place dans votre mallette, cependant elle occupe toute la scène. Pour reprendre l'expression de Bob Cassidy, c'est un macro effet. La participation du public en fait une de mes routines préférées. C'est drôle, facile à faire, vous pouvez le présenter devant un public de toute taille, tout âge et toute configuration ; et le final inclut un moment satisfaisant où le gagnant remporte un prix pour sa contribution. Difficile d'en demander plus. Cet effet ressemble plus à de la magie mentale qu'à du mentalisme, mais ça n'est pas une raison de passer à côté.

Cette routine est en évolution constante donc je vais décrire la version actuelle, puis d'autres variantes que j'ai utilisées dans le passé.

Ce que le public voit

Le mentaliste annonce qu'il peut prédire quelque chose d'aussi improbable que le loto. Le public est invité à se lever et un jeu d'élimination hilarant s'ensuit, jusqu'à ce qu'une seule personne reste debout. Pendant les éliminations, cette personne avait fait plusieurs choix. Le mentaliste montre qu'il avait prédit chacun de ces choix, en dépit des probabilités jouant contre lui.

Comme c'est un succès, le gagnant est encouragé à participer au loto de la semaine prochaine. Le mentaliste tient sa parole et augmente fortement ses chances de gagner.

Matériel nécessaire

Un *Jeu Invisible* ou *Ultra-Mental*. J'utilise un jeu de grande taille (pas vraiment de taille jumbo) que j'ai créé. Avant ça, j'utilisais le *Jeu Invisible* taille *Parlour*, distribué par Card Shark. Pour rappel, il s'agit d'un jeu de cinquante-deux cartes composé de vingt-six paires dos à dos, avec du *roughing fluid*.

Un *Jeu Invisible* ou *Ultra-Mental* avec des cartes numérotées, également de taille *Parlour*. Ce jeu contient quarante-deux cartes, composées de vingt et une paires dos à dos, avec du *roughing fluid*. Chaque côté du jeu contient deux séquences identiques de numéros allant de 0 à 9, ainsi qu'un 0 supplémentaire sur chaque face du jeu, car le numéro sera choisi entre un et cent.

Un *Jeu Invisible* ou *Ultra-Mental* avec des cartes alphabétiques, toujours de taille *Parlour*. Ce jeu contient cinquante-deux cartes, composées de vingt-six paires ayant la même lettre de chaque côté, avec du *roughing fluid*. D'un côté du jeu, les lettres sont dans l'ordre alphabétique.

Un tableau blanc effaçable ou un grand calepin et un feutre.

Une pièce de monnaie.

Un ticket de loto actuel venant de votre loto local et contenant au moins dix ensembles de cinq numéros différents. En Australie, j'achète un *autopick* à dix dollars, cela me donne dix-huit combinaisons de numéros.

Préparation

Je place les trois jeux de cartes sur la petite étagère du tableau blanc (où vous mettez habituellement vos feutres). J'ai décidé de garder mes jeux dans l'étui en plastique transparent qui m'a été livré. Cela vous conviendra peut-être. Les jeux ressemblent ainsi moins à des jeux de cartes, et j'aime à penser que l'étui transparent ajoute un mystère qui manque aux étuis opaques. Le ticket de loto est dans ma poche. J'ai la pièce de monnaie et le feutre à portée de main.

Présentation

« Levez la main si vous aimeriez que j'augmente drastiquement vos chances de gagner le loto au prochain tirage. Tout le monde, non ? »

Les mains se lèvent progressivement dans le public.

« Les gens me demandent tout le temps de les aider. Ils me disent : "Toutes ces divinations de dessins et de mots, c'est sympa, mais vous ne pourriez pas faire quelque chose d'utile avec ? Pourquoi pas le loto ? Vous ne pouvez pas me donner les numéros du loto de la semaine prochaine ?" C'est exactement ce que je vais faire, mais seulement pour l'un d'entre vous. Nous allons choisir un gagnant au hasard dans votre groupe, puis je vais vraiment l'aider dans son rêve de gagner le loto.

Pour gagner le loto en Australie, les probabilités contre vous sont énormes. Je suis sûr que vous l'avez déjà entendu dire : vous avez plus de chance d'être frappé par la foudre que de gagner le loto. C'est vrai. Laissez-moi vous donner quelques chiffres. Vos chances de gagner le prochain tirage sont de une sur quatorze millions. »

J'écris le numéro 14 000 000 en haut du tableau blanc.

« Vos chances d'être frappé par la foudre sont d'une sur trois millions et demi, en un an. Vous savez, un de mes amis a été frappé par la foudre... aussi incroyable que cela puisse paraître, il était parti acheter un ticket de loto. Quelles sont les probabilités que cela arrive ?! »

J'écris le numéro 3 500 000 sous le numéro précédent.

« Comme nous jouons au loto, j'ai besoin d'une présentatrice glamour pour appeler les gagnants. »

Choisissez une femme dans le public et faites-la monter sur scène. Confiez-lui la pièce de monnaie. Je la fais se tenir derrière un microphone sur pied ; de cette façon, je peux avoir une conversation avec elle et elle peut participer activement.

Demandez au public de se lever.

« Alice sera ma présentatrice du loto, elle va m'aider à trouver un gagnant en éliminant le reste de la salle. Pas avec des numéros du loto, mais avec un simple lancer de pièce. »

Vous allez essayer d'éliminer environ la moitié du groupe debout à chaque fois. Pour cela, vous allez les diviser en deux, à l'aide d'un critère choisi par votre présentatrice. Au début, je la guide un peu. Parfois, elle sera créative et cela peut devenir très drôle ; parfois, elle sera trop nerveuse et vous devrez guider chaque division.

Dans un public normal, il y a à peu près autant de femmes que d'hommes, donc je commence de la façon suivante.

« Mesdames et messieurs, commençons. Vous pouvez décider qui sera pile, et qui sera face ? Les hommes seront face ? OK. Donc, quoi que la pièce dise, ce groupe restera dans le jeu. Lancez la pièce. C'est face, donc les hommes restent en jeu. Mesdames, vous pouvez vous rasseoir.

Comment devrions-nous diviser les hommes en deux groupes ? Ceux qui portent une veste et ceux qui n'en ont pas ? OK. Et qui sera face ? Les vestes ? Lancez la pièce ! Cela donne quoi cette fois ? Pile ? Donc si vous n'avez pas de veste, vous êtes toujours en jeu. Tous ceux qui ont une veste peuvent se rasseoir. »

Vous continuez ainsi à éliminer les spectateurs, aussi longtemps que cela vous semble raisonnable. Observez le groupe pour repérer les critères permettant de les diviser en deux groupes à peu près égaux. Si vous avez quatre cents personnes dans le public, vous pouvez les réduire à vingt-cinq personnes en seulement quatre lancers de pièce (200, 100, 50, 25), donc c'est plus rapide que vous pensez.

Quand il devient difficile de trouver un critère de division, vous pouvez passer à la procédure suivante. Parmi les gens debout, ceux qui jouent « face » mettent leurs mains sur leur « face » (leur visage) ; ceux qui jouent pile mettent leurs mains sur leur derrière. Vous pouvez ainsi continuer à éliminer des spectateurs. (Je tiens à remercier Nick Morton pour cette suggestion, car cela évite les complications et la gêne occasionnée par le fait d'avoir deux personnes asiatiques portant une veste et des lunettes, ou deux personnes occidentales portant des vêtements similaires.)

Voici quelques critères que j'utilise. De nombreux autres se présenteront à vous de façon évidente quand vous ferez cette routine.

Hommes avec/sans cravate

Femmes en pantalon/robe

Hommes avec/sans barbe

Avec/sans lunettes

Avec/sans jeans

Debout à ma gauche/droite

Vous pouvez aussi jouer sur la couleur des cheveux (ou l'absence de cheveux pour les hommes), le type et la couleur des vêtements, voire même vin blanc/rouge si le public est en train de manger.

Quand vous avez réduit le groupe à environ vingt-cinq personnes, vous allez ajouter une dimension supplémentaire à chaque élimination. Au début, le public ne saura pas pourquoi vous le faites, et cela ajoutera un peu de mystère à la présentation. Pour chacune des trois éliminations suivantes, vous ajoutez une de ces phrases :

« *Dans un instant, je vais vous demander une carte à jouer, n'importe quelle carte dans un jeu de cinquante-deux cartes. Pensez tous à une carte dans votre tête.* »

« *Dans un instant, je vais vous demander votre nom complet, préparez-vous tous à me donner votre prénom et votre nom de famille.* »

« *Dans un instant, je vais vous demander un numéro, n'importe quel numéro entre un et cent. Ne me dites rien, pensez juste tous à votre numéro s'il vous plaît.* »

Continuez à éliminer les gens jusqu'à avoir moins de dix spectateurs. À partir de là, vous devez toujours vous assurer d'avoir une bonne répartition du groupe dans les deux options. Autrement dit, vous devez avoir au moins une personne jouant « pile » et au moins une personne jouant « face », pour éviter que tous jouent la même chose et risquent d'être éliminés tous en même temps.

« *Imaginez que j'ai été capable de prédire la personne parmi vous qui restera debout en dernier. C'est ce que j'ai fait, et je vous le prouverai dans un instant.*

Cela représente une chance sur cent, rien de terriblement impressionnant. »

J'écris le numéro 100 sur le tableau blanc.

« *Monsieur, quel est votre nom s'il vous plaît ? John Smith. Donc si j'avais prédit l'initiale de votre prénom, ce serait 1 chance sur 26. 100 multiplié par 26 donne 2 600. Et si en plus j'ai prédit l'initiale de votre nom de famille (1 chance sur 26), il faut encore multiplier par 26, ce qui donne 67 600.* »

J'écris ces numéros sur le tableau. Je donne l'impression de faire ces calculs en temps réel. En fait, ces valeurs sont toujours les mêmes donc je les mémorise, ou j'écris une petite antisèche sur le cadre du tableau, ou sur la petite étagère où sont posés les jeux de cartes.

Prenez ensuite le jeu alphabétique, en faisant attention d'avoir toujours le même côté tourné vers le public. Éventaillez le jeu devant vos yeux, parcourez-le et séparez les paires correspondant aux deux initiales de votre gagnant. C'est très facile à faire car vous avez les lettres sous les yeux. Dans notre exemple, vous séparez une paire J et une paire S. Décalez vers le haut les deux cartes (de votre point de vue, les faces J et S sont visibles ; du point de vue du public, les dos sont visibles). Éventaillez bien le jeu pour montrer que ces deux cartes sont les seules à être inversées. Sortez ces deux cartes et reposez le jeu (je le dépose dans ma mallette). Faites monter la tension puis retournez ces deux cartes pour montrer que vous aviez deviné juste. Personnellement, j'utilise ensuite la petite étagère en bas du tableau pour déposer les deux cartes à la verticale, faces vers le public.

« John, je vous avais demandé de penser à un numéro entre 1 et 100. Si j'ai réussi à prédire ce numéro, cela multiplie les probabilités par 100. En fait, ce serait maintenant une chance sur 6 760 000. Cela devient de plus en plus impossible et vous avez plus de chance d'être frappé par la foudre. John, quel était votre numéro ? 45 ? »

Prenez le jeu numéroté et éventaillez-le. Séparez la paire correspondant au numéro du spectateur, pour montrer que la valeur de son choix est inversée dans le jeu. Décalez cette carte vers le haut et jouez cette révélation comme vous l'avez fait avec le jeu alphabétique.

« J'avais aussi demandé à John de penser à n'importe quelle carte dans le jeu. Si j'ai réussi à prédire cette carte, cela multiplie les probabilités par 52, donc ma prédiction totale aurait 1 chance sur

351 520 000 *d'être juste. Quelle était votre carte ? Le 5 de carreau ?* »

Écrivez la probabilité totale sur le tableau puis prenez le jeu de cartes. Éventaillez-le et révélez que sa carte est inversée dans le jeu, comme vous l'avez fait avec ses autres choix.

« *Nous y sommes, 1 chance sur 351 520 000.*

Maintenant je sais ce que vous vous dites John : tout ça est très impressionnant, mais en quoi cela vous aide-t-il à gagner le loto ? Comme vous êtes mon gagnant, je vais garder ma promesse d'augmenter vos chances de gagner au prochain tirage du loto. En imaginant que vous n'avez pas déjà acheté un ticket de loto, si je vous en donne un, déjà vos chances de gagner augmentent. » Le public rit.

« *Si vous choisissez cinq numéros pour le prochain tirage, vos chances de gagner sont, comme je le disais au début, d'1 sur 14 000 000. Si vous choisissez deux lots de cinq numéros, vos chances sont doublées. Je ne me suis pas arrêté là John, car je vous ai acheté dix-huit lots de cinq numéros. Au lieu d'1 chance sur 14 000 000, vos chances de gagner sont maintenant d'1 sur 777 777. Comme promis, vous avez beaucoup plus de chances de gagner. Bonne chance !* »

En disant cela, je raye le 14 000 000 sur le tableau et j'écris 777 777, puis je tends le ticket au gagnant, en lui souhaitant bonne chance. Pour cela, parfois je cours dans le public pour confier le ticket au spectateur, parfois je demande à ma présentatrice du loto de lui donner le ticket, et parfois je demande au gagnant de venir le chercher devant la scène. Cela dépend de la logistique de la salle.

Astuces de présentation

Maintenant que vous avez lu le déroulement de la routine, vous vous dites probablement deux choses. Premièrement, qu'il y a beaucoup de texte, beaucoup de dialogue. Deuxièmement, qu'il y a beaucoup de procédures. La description décompose la routine en de nombreuses étapes et actions, et de nombreux calculs, afin d'arriver au climax.

Pour éviter les longueurs de procédure pendant la présentation, vous devez maintenir un rythme soutenu. Quand j'écris les numéros sur le tableau, je me déplace rapidement sur scène, comme un savant fou, et j'écris de manière précipitée. Mon attitude montre que je suis enthousiaste à l'idée de partager ces informations, plutôt que de vouloir montrer mon intelligence.

C'est une routine assez amusante. Vous devez apprendre à identifier la différence entre « amusant » et « comique ». Le texte contient quelques blagues et quelques moments amusants qui feront rire le public mais, dans cette routine, l'humour vient des différentes situations qui se produisent. C'est particulièrement le cas pendant la procédure d'élimination, et au fur et à mesure que le public comprend la direction que vous prenez. Comme vous proposez un jeu au public, vous devez maintenir ce genre d'ambiance pendant toute la routine.

Il est difficile d'expliquer ici à quel point la routine bénéficie de vos interactions avec la spectatrice qui lance la pièce. Tout ce qui se produit avec elle contribue à l'aspect divertissant de la présentation. Elle peut faire tomber la pièce ou la perdre ; elle peut lancer « pile » trois fois d'affilée ; elle peut choisir des critères douteux ou drôles pour diviser le public en deux groupes. Évidemment, j'évite de choisir une spectatrice portant une mini-jupe et des talons ; pour cette routine, essayez de choisir quelqu'un qui semble prêt à contribuer au côté amusant de la présentation, plutôt qu'une personne qui détournera l'attention du public. (J'ai vu ce genre de spectatrices créer des catastrophes sur scène à de nombreuses reprises.)

Les membres du public seront parfois très compétitifs et ils encourageront d'autres spectateurs, ou eux-mêmes. Ces situations sont autant d'occasions de jouer avec eux et de commentaires amusants. Plutôt que d'essayer de brider le public, apprenez à improviser avec eux pour en profiter un maximum. Voici quelques phrases que j'utilise de temps en temps pour rebondir sur une situation amusante.

« Ouah, incroyable, vous faites tellement d'effort pour gagner et vous ne savez même pas quel est le prix final ! »

« Vous devriez sortir un peu plus. »

« On voit que vous avez l'habitude. »

« Monsieur, ça n'est pas une barbe que vous avez, vous êtes juste mal rasé, rasseyez-vous. »

Si vous faisiez cette routine sans intrigue ou présentation, vous auriez quand même un bon effet. *« Pensez à un numéro entre 1 et 100 ; pensez à une carte ; dites-moi vos initiales. »* Vous pouvez ensuite révéler les trois informations et ce serait impressionnant.

Cependant, une chose qui m'a toujours gênée est le manque de progression de la routine ; en gros, c'est la même révélation trois fois de suite. Ce qui fait fonctionner la routine, c'est que vous montrez que le degré d'impossibilité augmente à chaque fois. Ajoutez à cela la participation amusante du public, et vous obtenez une routine excellente. Personnellement, je trouve que la cerise sur le gâteau est cette fin satisfaisante où vous offrez le ticket de loto au gagnant.

Cette routine devrait indubitablement être placée vers le milieu du répertoire de votre spectacle. Il y a trop de participation du public pour être une routine d'introduction. Si vous arriviez sur scène et que vous attaquiez directement avec l'introduction puis que vous essayiez de faire se lever tout le monde, cela ne fonctionnerait pas. La phrase d'introduction est une bonne transition à partir de votre effet précédent donc vous pouvez présenter « Coup de chance » après n'importe lequel de vos effets. C'est un bon exemple d'une routine qui captive l'attention du public tout en établissant une prémisse claire.

Un des défis des routines de ce genre est la difficulté de s'entraîner et de répéter. Vous pouvez répéter le déroulement général, la logistique et le texte. Cependant, le rythme, les interactions et la vitesse sont des choses qui viendront avec l'expérience. Essayez d'abord d'ajouter cette routine à vos spectacles informels (communauté locale, école, évènement familial, etc.), quand la pression est moins forte. Si vous êtes le présentateur d'un de ces évènements, faites cette routine comme un segment plus long avant l'artiste suivant. C'est une routine suffisamment légère et amusante pour trouver sa place dans n'importe quel répertoire.

Versions alternatives

Sans cartes à jouer

Il est souvent difficile de résister à la tentation de prendre des tours ou des routines, et d'y ajouter des cartes sans aucune raison. Vous pensez à une prémisse et vous vous rendez compte que cela pourrait se présenter avec des cartes.

Au fil des années, j'ai essayé autant que possible de faire l'inverse : retirer les cartes de mes effets et les remplacer par quelque chose qui fasse moins « accessoire de magie ». Bien sûr, en réalité cela ne change probablement pas grand-chose, mais il n'y a pas de mal à varier les supports. En vous imposant ces restrictions ou ces règles, vous vous forcez à exercer votre créativité.

La version originale de cette routine utilisait trois enveloppes (format A5), numérotées 1, 2 et 3. La première contenait le jeu alphabétique ; la deuxième contenait le jeu numéroté ; la troisième contenait une prédiction similaire à « Premonition ». La présentation parlait qu'un voyage imaginaire dans une capitale. Il y avait un trou dans la troisième enveloppe, à travers lequel j'écrivais simplement la ville choisie, grâce à un *nail writer*. J'utilisais une pointe grasse sur un faux pouce, fabriquée par Vernet ; cela crée une écriture épaisse et noire qui ressemble au reste du texte que vous avez écrit au Sharpie.

Une variante de cette idée (et que je n'ai jamais essayé) serait de faire un *Jeu Ultra-Mental* avec des capitales. Il n'y a que deux cents capitales dans le monde et la majorité des gens aurait du mal à en nommer plus de cinquante. Si vous listez les cinquante capitales les plus populaires et que vous les écrivez (ou imprimez) sur des cartes vierges au format *Parlour*, vous pouvez créer votre propre jeu. Vous pourriez arranger les lettres de A à M d'un côté, et de N à Z de l'autre, pour pouvoir facilement montrer n'importe laquelle inversée dans le jeu.

Développer une variante du *Jeu Ultra-Mental* a toujours été un défi. Vous avez besoin d'un spectateur nommant un élément choisi librement dans un ensemble de cinquante éléments. Certains ont proposé quelques variantes mais aucune n'a connu de succès important. Les numéros et les lettres fonctionnent raisonnablement bien ; bien sûr, c'est parfait pour un jeu de cartes ; en dehors de ces ensembles, ça n'est pas si évident. D'où la version de ma routine que j'utilise aujourd'hui.

Trois révélations différentes

J'ai joué avec l'idée d'avoir trois révélations complètement différentes. La première serait le *Jeu Ultra-Mental*, la deuxième serait une enveloppe avec un *nail writer* pour écrire un mot à travers le trou de l'enveloppe, et la troisième serait l'effet « Guessing gumballs »[12].

Si vous ne connaissez pas cet effet, un spectateur nomme le nombre de bonbons dans un bocal. Dans le bocal, au milieu des bonbons, se trouve un morceau de papier sur lequel est écrite la quantité estimée par le spectateur. Le papier est vraiment dans le bocal et vous ne semblez pas le toucher. Renseignez-vous sur cet effet, il en vaut vraiment la peine.

---

[12] Cet effet est décrit dans le magazine *Syzygy* de Lee Earle, ainsi que dans l'édition « couverture rigide » de la revue, et dans les DVDs *Syzygy*. (NDA)

LOTO MENTAL

Le loto est un de mes thèmes préférés. Rien que dans ce livre, vous trouverez trois effets de loto, et j'ai encore d'autres routines avec lesquelles je joue depuis plusieurs années. (L'une d'elles utilise des cartes à jouer numérotées et j'ai vu que deux créations similaires avaient été distribuées sur le marché, donc j'ai décidé de ne pas les inclure dans ce livre.) Les gens sont fascinés par le loto ; s'ils pouvaient prédire n'importe quoi, les numéros du loto seraient en haut de la liste pour la plupart des gens.

« Loto mental » est actuellement un effet régulier dans mon numéro de mentalisme. Je pense que vous vous rendrez compte que la familiarité des accessoires, ainsi que la simplicité absolue de ce thème, en font un effet que vous pouvez présenter dans presque toutes les situations. Je l'ai déjà fait pour des publics d'une cinquantaine de personnes, et des publics de plus de trois cents personnes ; cela fonctionne toujours aussi bien. À mon avis, sa place idéale est au milieu de votre répertoire mais, honnêtement, avec un peu de travail, cela pourrait facilement devenir le final de votre spectacle. Je l'ai d'ailleurs utilisé une ou deux fois en climax.

Il ne s'agit pas d'un effet de prédiction. En fait, il n'y a pas de lien avec le fonctionnement habituel du loto, mais cela reste cependant familier pour le public et cela semble honnête. De plus, la mise en scène est efficace. En réalité, c'est un effet de lecture de pensée directe qui a de nombreux points communs avec le classique « Tossed out deck ». Ceux qui ont lu mon livre *Influences mentales* connaissent ma longue histoire avec cet effet. Nous savons maintenant que le

« Tossed out deck » de David Hoy[13] était décrit à l'identique dans un livre italien publié il y a plusieurs centaines d'années. Cependant, le principe popularisé par Hoy a été appliqué à de nombreux autres effets, y compris celui que vous allez lire ici. « Loto mental » utilise le principe de façon astucieuse et subtile, ajoutant ainsi un degré supplémentaire de tromperie. Certains éléments de cette routine vous rappelleront le travail de Barrie Richardson et Wayne Dobson.

Ce que le public voit

Le mentaliste annonce qu'il ne peut pas prédire le loto, mais il peut deviner les numéros que vous allez utiliser en tant que joueur. Une grande partie du public est invitée à choisir et encercler six numéros sur des grilles de loto. Un groupe de six volontaires est formé. Chacun choisit un numéro parmi les nombreuses possibilités encerclées. En utilisant un mélange d'indices et d'observations, le mentaliste est capable de lire leurs pensées et de révéler de façon théâtrale les numéros qu'ils ont choisis.

Matériel nécessaire

Plusieurs grilles de loto, venant de votre bureau local. (Nous en reparlerons dans un instant.)

Plusieurs crayons. J'en utilise vingt-quatre et tous ont mes coordonnées dessus. Ils font office de cartes de visite et c'est plus rapide de les laisser au public que de les récupérer à chaque fois.

---

[13] David Hoy, « The tossed out deck », *The bold and subtle miracles of Dr. Faust*, 1963, Ireland Magic Company, page 25. (NDT)

Un accessoire de change. J'utilise la boîte à change de billet O.M. décrite dans *Mentalisme Pratique* d'Annemann[14]. Le nom vient de son créateur, Otis Manning. (Nous en reparlerons en détail plus tard et je vous donnerai des solutions alternatives si vous ne possédez pas déjà cette boîte.)

Un grand calepin et un feutre.

Grilles du loto

La plupart des effets de loto (y compris celui-ci !) n'ont aucun lien avec le fonctionnement du loto. L'idée consiste généralement à faire choisir cinq numéros de façon compliquée, en utilisant des cartes ou des papiers. Je voulais utiliser les grilles du loto comme point de départ. Comme je suis australien, je me sers évidemment des grilles de loto australiennes. Quelques amis et membres de ma famille m'ont aussi photographié et décrit les grilles du loto en Angleterre, aux États-Unis, ainsi que dans différents pays européens. Il semble que la plupart des pays proposent un format similaire, donc vous ne devriez avoir aucun problème à adapter les effets à vos grilles locales.

La grille australienne que j'utilise est la plus commune ; elle est utilisée à travers tout le pays. Elle propose dix-huit lots de numéros allant de 1 à 45. C'est celle que j'évoque dans la routine.

---

[14] Theodore Annemann, « La boîte à change de billet O.M. », *Mentalisme Pratique*, trad. fr. Christian Chelman, 2013, Fantaisium, p. 41. (NDT)

La grille anglaise offre de nombreuses possibilités ; le loto anglais a sept jeux de numéros allant de 1 à 49 ; le Thunderball propose six jeux de numéros allant de 1 à 49. L'Euromillion contient cinq jeux de numéros allant de 1 à 50. La grille américaine propose cinq jeux de numéros allant de 1 à 35. Toutes ces grilles différentes fonctionnent parfaitement avec mon effet. Je veux éviter d'avoir sept spectateurs sur scène donc je choisis une grille nécessitant moins de numéros.

Les grilles de loto sont disponibles gratuitement partout où vous pouvez y jouer. Ces lieux vous encouragent à les prendre car ils s'attendent à ce que vous remplissiez vos grilles puis que vous reveniez les jouer. Quand je me déplace en banlieue, je passe devant de nombreux distributeurs de grille de loto et j'en prends simplement plusieurs à chaque fois.

Vous aurez besoin de vingt ou vingt-cinq grilles pour le lot préparé que vous réutiliserez tout le temps. À chaque fois que vous présentez l'effet, vous consommerez entre quinze et vingt grilles. Je dis toujours au public qu'il y en a une trentaine et personne ne m'a jamais posé de question.

Je vais décrire la préparation et la routine avec les grilles australiennes. Je suis sûr que vous comprendrez immédiatement comme l'adapter à vos propres grilles ; cependant, si vous êtes coincé, n'hésitez pas à me contacter.

Vous allez choisir un ensemble de six numéros que vous pouvez mémoriser facilement. Voici les numéros que j'utilise actuellement : 3, 7, 13, 28, 36 et 44.

Prenez les vingt ou vingt-cinq grilles que vous utiliserez et, sur chacun des six premiers jeux de la grille, entourez un seul numéro au crayon. Sur chaque grille différente, encerclez les numéros dans un ordre différent. Autrement dit, par exemple, entourez le numéro 28 sur le premier jeu de la première grille, et entourez le numéro 13 sur le premier jeu de la deuxième grille. Sur certaines grilles, j'oublie volontairement l'un des numéros, et parfois je répète un numéro sur un autre jeu.

Une fois que vous avez terminé cela, vous remarquez que vous pouvez étaler différentes grilles côte à côte et que les motifs semblent entièrement aléatoires ; il ne semble pas que chaque grille donne le même choix limité à six numéros. De toute façon, les participants ne verront jamais les grilles côte à côte ; au mieux, ils auront un aperçu rapide de la grille de leur voisin. Les grilles semblent parfaitement différentes entre elles.

Boîte à billets

Je vais décrire l'effet avec la même boîte que j'utilise personnellement. Je vous donnerai ensuite d'autres options si vous ne possédez pas ce genre de boîte ou si vous souhaitez explorer d'autres possibilités. En fait, cet accessoire est très facile à fabriquer car il n'y a pas de mécanisme ou de partie amovible.

La boîte à change de billet O.M. fut d'abord décrite dans le magazine *The Jinx*[15]. Je ne suis pas collectionneur mais je possède quatre ou cinq boîtes à billets. Ma recherche de la boîte parfaite m'a poussée à « investir » dans plusieurs modèles. (Aucun mentaliste ne possède qu'un seul portefeuille à *peek* et je ne fais pas exception ; j'ai la même obsession avec les clipboards, les boîtes à billets et les *book tests*.) Le *Chameleon chest* de Becker est magnifique mais, comme la plupart de ces boîtes (dont celles que je possède), elle ne suffit pas pour cette routine, car les grilles de loto prennent beaucoup de place une fois qu'elles sont pliées. Ces boîtes sont généralement conçues pour des cartes de visite ou des petits morceaux de papier. Deux lots de vingt grilles pliées exigent un volume important.

La boîte à change de billet O.M. a un couvercle qui s'abaisse jusqu'en bas de la boîte. À l'intérieur du couvercle se trouve un compartiment fermé et secret faisant presque la taille du couvercle. Il y a une marge autour du compartiment pour que le couvercle puisse être glissé sur la boîte. Cela veut dire que tout ce qui est inséré dans la fente du couvercle se retrouve en fait enfermé dans le compartiment secret. Les papiers que vous souhaitez échanger se trouvent au fond de

---

[15] Ottis Manning, « The ghost of a chance », *The Jinx n°137*, 1963, D. Robbins & Co., Inc., p. 781. (NDT)

la boîte. Quand le couvercle est soulevé, vous emportez en même temps les grilles des spectateurs et vous laissez au fond de la boîte les grilles que vous aviez préparées.

couvercle

En temps normal, les papiers ou les cartes visibles au fond de la boîte donnent l'impression que la boîte est beaucoup trop grande pour sa fonction. Cependant, vous allez voir que j'ai résolu ce problème et que la boîte a l'air pleine une fois que le couvercle a été retiré. L'illusion est parfaite.

Après le spectacle, vous devez accéder au compartiment secret pour le vider des grilles des spectateurs et les jeter. La boîte que j'utilise a un panneau sur charnière ; le panneau reste fermé grâce à un simple adhésif. Rien de compliqué mais cela fonctionne à merveille. La photographie suivante montre l'accès au compartiment secret.

Voici ma façon de préparer ma boîte. Je plie chaque grille du loto trois fois (donc en huit). Je fais en sorte que les plis ne soient pas parfaits, car le public ne plie jamais ses grilles minutieusement. Si je dépose mes grilles pliées au fond de la boîte, le pli leur donne suffisamment de ressort pour qu'elles s'ouvrent partiellement et occupent le volume de la boîte. C'est une bonne chose car, quand vous ouvrirez la boîte pendant la routine, les grilles pliées donnent l'impression que la boîte est pleine. C'est la raison pour laquelle vous ne devez jamais ranger vos grilles en les laissant pliées ; après chaque spectacle, je déplie mes grilles et je les conserve à plat. Quand vous placez le couvercle sur la boîte, le compartiment secret appuie sur vos grilles pliées. Je fais cette préparation seulement quelques minutes avant le spectacle ; si votre mallette est assez grande, vous pouvez même placer le couvercle sur la boîte au dernier moment.

Sur une table à côté, je dispose la boîte (chargée secrètement avec mes grilles pliées), une vingtaine de grilles vierges, et

une dizaine de crayons. J'ai également le calepin et le feutre
à portée de main.

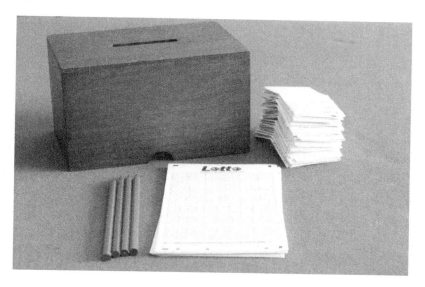

Présentation

« *Quand j'ai commencé ce métier, les gens me posaient des
questions comme* "Pouvez-vous couper ma femme en deux ?",
"Pouvez-vous faire disparaître mon mari ?", *etc. Récemment,
les choses ont changé. Maintenant, ils me disent tous :* "OK
magicien, si tu veux m'impressionner, donne-moi juste les
numéros du prochain loto." *Je ne vais pas vous mentir et vous
dire que je peux vraiment prédire le loto. Vous êtes beaucoup trop
intelligents pour me croire. En effet, si j'étais vraiment capable de
deviner ces précieux numéros, je ne serais probablement pas avec
vous un vendredi soir… Je vous dis ça avec tout le respect du
monde, vous avez l'air d'un groupe sympa, mais je n'aurais
probablement pas besoin d'être là. Je serais trop occupé à boire des
cocktails et à conduire mon Aston Martin. J'aurais d'autres…
occupations. Bon, je peux toujours rêver. L'autre jour, j'ai lu qu'à*

cinquante ans j'avais plus de chance de mourir d'une crise cardiaque au moment du tirage du loto. Ça serait vraiment pas de chance ! Les chances de gagner le loto australien sont d'une sur quatorze millions.

Par contre, je peux vous dire que les gens choisissent leurs numéros d'une certaine façon. Certains numéros sont toujours sélectionnés, d'autres presque jamais. Je n'ai pas besoin d'en savoir beaucoup sur une personne pour avoir une assez bonne idée des numéros qu'il va choisir. Imaginez nous réduisions ensemble les quarante-cinq numéros possibles à seulement six, et que vous vous concentriez sur ces six numéros. Dans ces conditions, si j'étais capable de deviner les numéros choisis mentalement, vous seriez déjà impressionnés. Ça ne serait pas déjà fort ?... Bon, public difficile... » Faites un aparté vers les coulisses : « *Démarre la voiture, ça va être vite plié.* »

Pendant ce texte d'introduction, j'ai pris les grilles vierges et les crayons pour les distribuer en lot dans différentes sections du public. Si les spectateurs sont à table, je donne trois ou quatre grilles à six tables.

« *Si vous avez une grille de loto, voici ce que je veux que vous fassiez. Au lieu de faire une croix ou de noircir vos numéros, je veux que vous les entouriez. Pour chacun des six premiers jeux de votre grille, entourez un numéro différent. Encerclez les numéros que vous choisiriez habituellement si vous étiez vraiment en train de jouer au loto. Une fois que vous avez entouré vos six numéros porte-bonheur, pliez votre grille en deux comme ceci, puis encore en deux, puis encore en deux. Vous obtenez une grille pliée en huit, comme ceci. Quand vous avez fait ça, tenez-la en l'air pour que nous sachions que vous avez terminé.* »

À ce stade, soit je récupère toutes les grilles dans la boîte, soit je demande au public de faire passer les grilles à un spectateur de leur table. Cela dépend de la configuration de la salle. Si un spectateur de chaque table récupère les grilles de ses voisins, ces six « délégués » insèrent leurs grilles dans la boîte quand ils me rejoignent sur scène.

J'ai donc maintenant six spectateurs assis sur une rangée de chaises sur la scène ou devant l'estrade. Parfois, les spectateurs se tiennent sur scène et je me tiens devant l'estrade. Une fois, je leur ai simplement demandé de rester debout à leur table. Gérer six spectateurs peut être compliqué dans certaines configurations de salles, donc vous devrez être créatif. Idéalement, je préfère qu'ils soient assis en rang sur scène, ce qui me permet de me tenir derrière et de rester visible du public. Je me suis parfois tenu debout sur une chaise derrière eux pour ajouter un petit élément comique à la situation.

Faisons le point. Vous avez six volontaires avec vous. Six numéros ont été encerclés sur chaque grille. Ces vingt grilles remplies par le public ont été insérées dans la fente de la boîte.

Je tends un microphone au premier volontaire et je lui dis :

« *Comme nous n'avons pas le matériel nécessaire pour jouer au loto, nous allons improviser. Comme vous le savez, ils utilisent plusieurs boules qui se mélangent sous les yeux du public.* [Regardez votre rangée d'hommes sur scène.] *Ne vous inquiétez pas, ça va bien se passer.* »

Je pose ensuite une série de questions au premier spectateur et j'improvise mes réactions en fonction de ses réponses. Amusez-vous avec cette séquence. Voici un exemple de la façon dont cela se déroule. (J'utilise aussi quelques blagues suggérées par d'autres magiciens ; elles ne figurent pas ici car elles leur appartiennent.)

« *Avant de commencer, j'ai besoin de quelques informations sur chacun de vous, afin de comprendre votre façon de penser. Commençons avec vous. Quel est votre prénom ?*

- *Adam.*

- *Bienvenue Adam. Quelle est votre couleur préférée ?*

- *Le rouge.*

- *Vous avez une voiture rouge ?*

- *Non.*

- *Vous portez un pyjama rouge ?*

- *Non.*

- *Et vos sous-vêtements ?*

- *Non.*

- *Donc c'est votre couleur préférée et pourtant vous ne possédez rien de cette couleur. Vous me racontez des bobards, n'est-ce pas ? C'est tout ce que j'avais besoin de savoir sur vous. Faites passer le microphone à votre voisin. Quel est votre prénom ?*

- *Boris.*

- *Bonjour Boris. Quel est votre film préféré ?* [Le spectateur est souvent bloqué par cette question et je fais une blague là-dessus.] *Prenez votre temps mais dépêchez-vous, les questions suivantes sont plus difficiles.* [Quel que soit son film préféré, je le compare à l'un des personnages et j'exploite au mieux la situation.] *Faites passer le microphone à votre voisin. Quel est votre prénom ?* »

Vous continuez ainsi. Voici un autre exemple de question :
« *Quel est votre animal préféré, et quelle qualité préférez-vous chez*

cet animal ? » Adressez-vous ensuite à la personne suivante :
« *Et vous, quel est votre deuxième animal préféré, et une qualité que vous aimez chez cet animal ?* » Ces deux questions sont une technique d'analyse psychologique bien connue. L'animal préféré représente la façon dont vous vous voyez ; le deuxième animal préféré représente la façon dont vous voyez votre partenaire. Ces informations vous donnent de quoi réagir et commenter.

Voici encore d'autres exemples :

« *Quelle est votre ville préférée ?* »

« *Quel est votre acteur préféré ?* »

« *Quel est votre plat préféré ?* »

« *Quel serait votre métier idéal ?* »

« *Où aimeriez-vous vivre ?* »

« *Depuis quand êtes-vous marié ?* »

Vous verrez que les blagues et les remarques amusantes se présentent d'elles-mêmes si vous jouez avec ces questions et les réactions des spectateurs.

« *OK, maintenant nous en savons un peu plus sur votre façon de penser. Il est temps de vous faire choisir un numéro de loto.* »

Je soulève le couvercle de la boîte et, en m'avançant pour tendre la boîte vers les spectateurs, je la secoue légèrement sur les côtés et vers le haut pour que les grilles pliées bougent, se déplient un peu, et remplissent la boîte.

« *Veuillez choisir une grille chacun s'il vous plaît. Vous pouvez bien sûr prendre la vôtre, mais vous pouvez prendre n'importe laquelle. Une fois que vous avez déplié votre grille, regardez les six numéros encerclés, concentrez-vous dessus puis choisissez l'un des numéros entourés. Quand vous êtes sûr d'avoir choisi le numéro que vous vouliez, repliez votre grille.* »

Je repasse le long de la rangée pour que les spectateurs replacent leur grille dans la boîte.

Faisons le point. Les grilles de loto du public ont été échangées contre des grilles que vous aviez préparées. Les six volontaires pensent maintenant tous à un de vos six numéros à forcer. C'est similaire à la méthode des cartes à forcer du « Tossed out deck ».

Vous allez donc nommer les six numéros et chacun des six spectateurs pensera que vous avez deviné son numéro. Mais j'ai modifié cette séquence classique, de la façon suivante :

« Merci. Maintenant il y a une dernière chose que j'ai besoin que vous fassiez pour moi. Pensez à votre numéro, concentrez-vous sur votre numéro et décidez si c'est un numéro élevé, bas ou moyen. Pour m'aider encore plus, j'aimerais que vous changiez de place en fonction de votre numéro et de ceux de vos voisins. Si vous avez un numéro bas, venez à cette extrémité de la rangée ; les numéros élevés peuvent aller à l'autre extrémité. »

Pour moi, cette idée fut une illumination. Non seulement je donne l'impression de montrer mon processus au public, mais cela ajoute aussi de la crédibilité à ce que je vais faire. Bien sûr, aucun des six spectateurs ne connaît le numéro de ses voisins et il est possible que deux ou trois d'entre eux aient le même numéro. Cela n'a aucune importance. Bien que je m'amuse à les repositionner et à faire un changement de dernière minute dans l'ordre de la rangée, cela n'a jamais posé de problème. En fait, c'est un moment assez amusant et plein d'actions.

Pendant que les spectateurs se repositionnent, je prends le calepin et le feutre. Je dessine six grands cercles sur la première page. Je fais ensuite semblant de lire les pensées de chaque spectateur. Si c'était le seul temps fort de la routine, je prendrais plus de temps pour cette phase. Cependant, les choses sont déjà en place et le processus a partiellement été expliqué au public, donc je passe assez rapidement sur cette séquence de divination. Je regarde chaque spectateur individuellement, je fais un commentaire positif à chaque fois en disant que je reçois un signal assez clair.

« *OK, je ne suis pas sûr de tous les numéros et je ne les ai peut-être pas reçus dans le bon ordre, mais je vais les noter. Concentrez-vous une dernière fois s'il vous plaît.* »

Sans laisser les six spectateurs voir ce que j'écris, je note les six numéros dans l'ordre et dans les six cercles de ma première page de calepin. Je me tiens légèrement dos au public pour que les gens dans la salle puissent lire au-dessus de mon épaule ; sinon, si je peux me tenir derrière les spectateurs et être toujours visible du public, c'est ce que je fais.

Je montre ensuite les six numéros au public. Si je suis derrière les volontaires et qu'ils ne peuvent pas me voir derrière eux, je pointe chaque spectateur du doigt en annonçant les numéros ; le public pensera que j'attribue chaque numéro au bon spectateur. Si je ne suis pas derrière les volontaires, le repositionnement des spectateurs dans la rangée donne simplement l'impression au public que je connaissais l'ordre des numéros. Cette double réalité fonctionne à merveille, et c'est uniquement possible avec des numéros, pas avec le « Tossed out deck » classique.

La dernière partie du texte est dite rapidement, de façon théâtrale.

« *Nous avons réduit ces quarante-cinq numéros à six. Ces six messieurs ont eu la gentillesse de penser chacun à un numéro, six parmi quarante-cinq possibilités, avec une probabilité d'une chance sur quatorze millions. J'espère vraiment avoir deviné juste. Je pense que vous avez choisi les numéros 3, 7, 13, 28, 36 et 44. Si j'ai trouvé votre numéro, retournez vous asseoir dans le public maintenant.* [Les spectateurs quittent la scène, confirmant ainsi votre divination.] *Ouah, merci à tous de m'avoir aidé et de m'avoir prêté vos pensées.* »

Je conclus en faisant un commentaire sur le fait que je vais utiliser ces six numéros moi-même au prochain loto et que le public peut me souhaiter bonne chance.

Que faire si un spectateur ne va pas se rasseoir ?

Je dois être honnête avec vous : cela ne m'est jamais arrivé.

Avec le « Tossed out deck » classique, les gens se trompent parfois entre trèfle et pique, ou ils lisent un 6 à l'envers comme un 9, ou ils pensent parfois même à une carte qu'ils ont cru voir dans le jeu. Je peux comprendre les raisons de ce genre de problèmes, même si cela ne m'est arrivé que rarement en vingt-cinq ans de « Tossed out deck ».

Avec ma routine, ils prennent leur temps, ils ont le choix et ils doivent uniquement se souvenir d'un numéro ; c'est une seule et unique chose, pas deux (valeur et famille d'une carte). Je renforce aussi leur mémoire en invitant les spectateurs à se concentrer sur leur numéro et à faire des choix (le repositionnement de la rangée) basés sur leur numéro. Je pense vraiment qu'il y a très peu de chances d'échec, voire aucune.

Mais je ne suis pas non plus naïf au point d'ignorer le fait qu'un jour j'aurai un spectateur qui ne comprend pas mes instructions, ou qui a une vue très mauvaise et ne l'avouera pas, ou qui veut me faire échouer délibérément. Si j'avais un souci et qu'un spectateur ne retournait pas à sa place, j'exploiterais la situation au maximum et cela aurait quand même l'air impossible.

« Ouah, normalement je n'en devine que deux ou trois correctement, et ce soir j'en ai eu cinq ! Merci beaucoup pour votre aide. Quant à vous monsieur, je suis terriblement désolé de vous avoir laissé tomber ; quel était votre numéro ? 14 ? Et j'avais

deviné 13, j'étais si proche de gagner le jackpot imaginaire. Vous aurez plus de chances avec vos propres numéros. Vous pouvez retourner à votre place. »

Réflexions finales

Cette routine dure entre huit et dix minutes, avec une forte participation du public et plusieurs moments amusants.

En annonçant que vous n'êtes pas capable de deviner le loto, vous ajoutez un degré supplémentaire de crédibilité et le public ne sait alors plus à quoi s'attendre, même si vous leur avez dit ce que vous allez faire.

La séquence où le public encercle les numéros n'est pas aussi laborieuse que vous pensez et, quand vous serez en train de distribuer les grilles au dernier groupe ou à la dernière table, la première table aura déjà terminé. Vous verrez que cela n'affecte pas trop le rythme de la routine, tant que vous continuez à parler en même temps.

Je suis très curieux de voir les idées que cette routine va vous inspirer. Mes créations les plus récentes sont toujours mes préférées, vous vous en doutez sûrement en lisant mes descriptions détaillées. J'aime tellement cette routine que j'ai retiré un effet pilier de mon répertoire pour le remplacer par « Loto mental », et je suis très satisfait de cette décision. La réaction du public compense largement l'effort nécessaire, et cela me donne de nombreuses occasions de jouer avec le public et les volontaires.

Alternatives pour échanger les grilles du public

Banachek distribue un accessoire appelé *Psychic pad folio,* et il est idéal pour cet effet. Placez les grilles vierges dans le folio. Parcourez simplement la salle avec le folio et un lot de crayons entourés d'un élastique. Les spectateurs prennent une grille dans le folio ouvert et vous leur confiez également un crayon. Quand ils ont fini d'entourer leurs numéros, demandez-leur de plier leur grille en deux (pas en huit, ce serait trop épais). Collectez les grilles dans le folio ouvert pendant que les six volontaires vous rejoignent sur scène. Fermez le folio brièvement, placez-le sous votre bras et asseyez les volontaires puis discutez avec eux. Rouvrez ensuite le folio pour que chacun prenne une grille (échangée et préparée par vous à l'avance).

Son folio se transporte à plat donc c'est parfait pour vos déplacements ; il est disponible sur son site, banachekproducts.com

Fabrication d'une boîte à change de billet O.M.

Vous devez trouver une boîte dont le couvercle recouvre complètement la boîte, jusqu'à la base. Cela vous donnera suffisamment de place pour ajouter le compartiment secret dans lequel seront stockées les grilles du public. J'utilise une boîte de chocolat *Whitman's sampler* vendue en supermarché ; c'est une marque connue depuis une centaine d'années.

Coupez délicatement une fente rectangulaire au milieu du couvercle, à l'aide d'un scalpel.

Vous devez aussi fabriquer le compartiment secret, avec un panneau amovible pour le vider après chaque prestation. De nombreux emballages alimentaires ont la bonne taille pour ce compartiment, donc trouvez une petite boîte adaptée et découpez une des grandes faces. Ne collez pas le compartiment au couvercle de façon permanente ; utilisez simplement de l'adhésif pour le maintenir en place. Si vous êtes bricoleur, vous pouvez même ajouter une charnière vous permettant de vider le compartiment.

Vous pouvez ensuite recouvrir l'extérieur de la boîte avec un revêtement noir qui sera élégant sur scène. Pour la boîte que j'ai fabriquée il y a quelque temps, j'ai juste utilisé une bombe de peinture bon marché, le résultat est très satisfaisant.

Open billet box

L'*Open billet box* de Steve Pelegrino est un accessoire génial. Vous pouvez télécharger ses explications sur lybrary.com. Il utilise une boîte de rangement disponible dans le commerce ou sur Amazon, et exploite un détail de fabrication astucieux. Le change se fait rapidement et facilement. La boîte peut rester sur la table et vous n'avez plus besoin de la toucher. De plus, ça ne pèse rien, ça se transporte à plat, et le matériel vous coûtera moins de vingt euros. C'est une excellente alternative.

ASTUCES & TECHNIQUES

DDN

Dans mon essai théorique « Déplacer le moment », j'abordais l'idée d'avoir un programme non linéaire, une série de procédures pouvant être séparées de leurs révélations respectives. En plus de vous permettre d'enchaîner les climax en série, cela ajoute un degré de tromperie supplémentaire, grâce au détournement d'attention au temps. Les spectateurs oublient rapidement les détails des séquences précédentes et, en reformulant habilement les choses de façon ambiguë (une technique que certains insistent pour appeler « Wonder words »), l'effet créé est encore plus fort.

De plus, j'ai développé plusieurs effets rapides que j'ai insérés dans les temps morts. La plupart sont des climax purs et directs. La procédure a entièrement été réalisée en *preshow* et j'utilise simplement la révélation pendant le spectacle. Dans cette catégorie, un des effets que je préfère est la révélation d'un mot dans un livre que j'ai laissé au spectateur pendant le *preshow* (et que je ne récupère pas). J'en ai plusieurs variantes et la majorité ont été développées à partir d'une idée de Chuck Hickok ; je vous conseille de trouver ses deux livres excellents, ils me furent d'une aide précieuse pour mes prestations en entreprise. Alain Nu a également rassemblé quelques principes efficaces dans ses deux manuscrits *Bookwork* ; ils sont un peu chers, mais j'ai adoré jouer avec ces concepts.

J'ai aussi ajouté plusieurs effets où la procédure et le climax se produisent en quelques secondes. « DDN » en est un bon exemple. Pour vous donner un peu plus de contexte, quand j'ai un temps mort dans mon spectacle, j'introduis un effet rapide comme celui-ci, afin que le public soit occupé pendant que les participants écrivent ou dessinent quelque chose qui sera ensuite utilisé comme base pour une routine de « Questions & réponses », de duplication de dessin, ou un effet du genre « Sneak thief » de Larry Becker.

Ce que le public pense voir

Un spectateur se concentre sur son anniversaire. Le mentalisme est capable de le deviner.

Introduction

En résumé, le spectateur pense à son anniversaire (le jour et le mois de sa naissance) et écrit uniquement le jour. Je fais un *peek* pour lire le jour, puis je trouve le mois.

Les premières idées que j'ai eues pour cet effet furent d'utiliser une anagramme progressive afin de trouver le mois. J'ai joué avec cette méthodologie, jusqu'à ce que je commence à utiliser *The key*, le *book test* original de Terry Rogers, il y a presque vingt-cinq ans. Au bout de quelque temps, je me suis rendu compte que c'était la méthode que j'aimais le moins. Inviter quelqu'un à penser à son anniversaire puis lui demander s'il y a un O ou un T, ça n'est pas une méthode qui me satisfait. J'ai donc finalement opté pour une technique de « pêche » plus brutale, et c'est ce que je vais décrire ici.

Cet effet fait partie de mon répertoire depuis le début des années 2000. Je ne l'avais pas inclus dans *Influences mentales* (mon livre précédent) car ça n'est pas particulièrement facile à expliquer. C'est une démonstration qui demande un ressenti, de l'audace, une bonne gestion du public, et c'est une approche risquée qui ne réussit pas toujours. J'en ai souvent parlé avec mon ami Richard Paddon et son avis est que j'aurais du mal à l'enseigner à quelqu'un car cela fait maintenant partie de moi. Il a raison, ça n'est pas facile. J'ai récemment revu de vieilles vidéos où Joe Riding et JC Wagner enseignent une technique de carte à l'œil estimée permettant de localiser la carte vue par un spectateur ; ils avaient tous les deux des difficultés à expliquer leur approche car c'est tellement basé sur les sensations, le rythme, et une sorte de sixième sens qu'ils ont acquis grâce à des centaines de prestations.

Je me rends bien compte que ceux qui lisent ces lignes pourraient en tirer la conclusion que je suis passé à côté de la méthode évidente : pourquoi ne pas simplement demander au spectateur d'écrire le jour ET le mois, puis faire un *peek* et une révélation ? Quoi de mal à ça ? Cela semble logique. Quand il évoquait les tours automatiques, Dai Vernon disait : « *On ne s'amuse pas !* » D'une certaine façon, je prends plaisir à réussir cet effet. De plus, pour les spectateurs eux-mêmes, il est évident que vous venez de deviner quelque chose qu'ils ne vous ont pas dit et qu'ils n'ont pas écrit. La lecture de pensée devient alors la seule explication.

Comme je le disais précédemment, la combinaison des méthodes est presque toujours plus trompeuse qu'une méthode seule. Dans le cas de « DDN », vous êtes capable de révéler une information qu'ils vous ont donnée, ainsi qu'une autre information qu'ils ne vous ont pas donnée ; je pense que cela renforce l'effet entier.

Enfin, la vitesse à laquelle vous réalisez votre *peek* est beaucoup plus rapide que si vous deviez aussi lire le mois. Les différentes écritures des gens et la conception de la plupart des accessoires de *peek* rendent parfois la lecture plus difficile et donc plus lente.

Après toute cette introduction, si je ne vous ai toujours pas convaincu, je ne vous empêcherai pas d'utiliser votre *peek* préféré et d'ignorer ma méthode.

Méthode

J'ai testé et utilisé de nombreux accessoires à *peek* et j'en évoquerais certains à la fin. Quand j'ai commencé, j'utilisais le *Thought transmitter* ; il vous donne la meilleure vitesse de lecture.

Imaginons que j'ai de grandes fiches cartonnées et que je les confie à quatre spectateurs sur scène en leur demandant de dessiner quelque chose. Je m'avance ensuite vers un membre du public.

« Bonsoir, quel est votre prénom s'il vous plaît ? Alice ? Alice, quand nous faisions notre exercice de visualisation mentale tout à l'heure, vous avez trouvé cela très facile, n'est-ce pas ? C'est ce que je pensais. Je le voyais sur votre visage. D'ailleurs, quand j'ai demandé à nos quatre participants de dessiner quelque chose à l'instant, vous commenciez à imaginer ce que vous auriez dessiné si vous aviez été à leur place, n'est-ce pas Alice ? C'est ce que je pensais. J'aimerais que vous essayiez quelque chose avec moi. Je vais vous faire penser à quelque chose que j'ignore totalement. Par exemple, votre anniversaire ? Il serait impoli de ma part de demander votre âge donc, pour faciliter les choses, nous n'utiliserons que le jour dans le mois, oui, juste le jour pour l'instant. Pour vous aider à vous concentrer, pouvez-vous écrire ce numéro, entre 1 et 31 ? Refermez le calepin quand vous avez terminé. »

Pendant ce texte d'introduction, je pose quelques questions fermées à la spectatrice et je vois si elle va me répondre. Je la regarde droit dans les yeux et j'acquiesce de la tête. Cela l'encourage à jouer le jeu avec moi ; pour le public, cela ressemble à une conversation. Cependant, j'annonce des choses qui prennent la place de ses réponses. Dans un spectacle de scène, le public entend uniquement ma voix dans le microphone, comme s'il s'agissait d'une conversation téléphonique. Par conséquent, même si elle donne une réponse négative, le public l'ignore. Pour le reste des spectateurs, il semble vraiment qu'Alice suit ce que je dis et acquiesce.

Je lui montre comment refermer le *Thought transmitter*, avec l'élastique autour et en diagonale. Cela lui permettra de me le lancer pour me le rendre dans un instant. Quand elle a fini d'écrire, je lui fais un geste pour lui indiquer de me jeter le *Thought transmitter* ; je l'attrape mais je ne le regarde pas. Pendant le texte suivant, je peux sentir la forme et l'orientation du *Thought transmitter*, ce qui me permet de placer mon pouce droit sur la « zone sensible », prêt pour le *peek*.

« *Parfait, maintenant regardez-moi droit dans les yeux et concentrez-vous sur votre anniversaire s'il vous plaît. Imaginez-le aussi grand que possible, comme un panneau publicitaire, sur la façade d'un immeuble, un de ces affichages éclairés à Times Square.* »

(Je dis cela uniquement pour m'amuser moi-même. C'est comme si je leur expliquais le fonctionnement du *Thought transmitter* sans qu'ils s'en rendent compte.)

Je me tourne et je lance le *Thought transmitter* dans ma mallette ouverte. Au même moment, j'appuie sur le *Thought transmitter* et je le regarde directement, obtenant ainsi l'information. Cela dure littéralement une fraction de seconde mais c'est clair comme du cristal.

À la pêche

À ce stade, je connais uniquement un numéro entre 1 et 31. Je vais obtenir la date anniversaire finale en trois étapes.

1. Réduire ma recherche à un groupe parmi cinq (chaque groupe contenant deux ou trois mois).

2. Identifier le mois exact grâce à une combinaison d'intuition, d'observation et de pêche à l'information.

3. Nommer la date anniversaire exacte, comme si je venais juste de lire son esprit.

J'utilise le numéro écrit pour débuter la pêche à l'information. Pour comprendre ce processus, visualisez l'année en cinq groupes mensuels, de la façon suivante :

Janvier, février : début de l'année.

Mars, avril, mai : vers le milieu de l'année.

Juin, juillet, août : autour du milieu de l'année.

Septembre, octobre : vers la fin de l'année.

Novembre, décembre : fin de l'année.

Je vais faire une affirmation qui semble concerner la période de l'année où la personne est née, mais cette affirmation est en fait basée sur son numéro.

Si le numéro est entre 1 et 5 : « *Vous êtes né au début de l'année.* »

Si le numéro est entre 5 et 10 : « *Vous êtes né vers le milieu de l'année.* »

Si le numéro est entre 10 et 20 : « *Vous êtes né autour du milieu de l'année.* »

Si le numéro est entre 20 et 25 : « *Vous êtes né vers la fin de l'année.* »

Si le numéro est entre 25 et 31 : « *Vous êtes né à la fin de l'année.* »

Le but de cette affirmation est de me donner une raison justifiable de faire ce qui semble être une erreur idiote. Si j'obtiens une réponse positive, je viens de réduire la recherche à l'un des cinq groupes ; si j'obtiens une réponse négative, je peux immédiatement m'excuser pour ne pas avoir été clair, puis faire une deuxième tentative.

Prenons un exemple pour mieux comprendre le processus, tel que le spectateur le ressent. Imaginons qu'il a écrit 22 et, bien que je l'ignore pour l'instant, qu'il est né le 22 mars. La séquence ressemblerait au dialogue suivant.

« *Vous êtes né vers la fin de l'année.*

- *Non.*

- *Désolé, je voulais dire à la fin du mois, mais votre anniversaire se situe plus tôt dans l'année.*

- *Oui.*

- *Beaucoup plus tôt.*

- *Oui.*

- *C'est en février…* [Pause… pas de réaction.] *Ou mars.*

- *Oui.*

- *Concentrez-vous bien sur votre anniversaire. Excellent. Je vais dire que vous êtes né le 22 mars. Quelle est votre date anniversaire s'il vous plaît ?*

- *Le 22 mars.* »

Quand vous faites la première affirmation, la réponse du spectateur peut prendre plusieurs formes. En effet, vous ne posez pas une question directe, donc souvent il va acquiescer ou secouer la tête. D'une certaine façon, c'est la meilleure réponse car le public ne l'entend pas. Vous êtes le seul à récupérer l'information. Le spectateur dira peut-être « *Oui* » ou « *Non* » assez doucement pour rester inaudible ; ou il le dira à voix haute. Il aura peut-être l'air confus, comme s'il n'était pas sûr de la justesse de votre affirmation et qu'il n'était pas sûr de devoir confirmer ou non. Il nommera peut-être même le mois à voix haute.

Et s'il dit oui ou qu'il acquiesce ?

À ce stade, vous savez que votre affirmation est correcte dans le sens large. Vous devez maintenant identifier le mois exact. En observant l'intensité de la confirmation du spectateur, je nomme un mois ou deux. Je tente ma chance mais j'observe aussi attentivement ses réactions pour savoir si je dois aller plus loin.

Imaginons que je vois le numéro 4, que j'affirme qu'il est né au début de l'année et qu'il acquiesce avec enthousiasme, je dis simplement : « *Janvier, je pense.* » Il confirme et je continue. Si sa réaction est un peu plus lente ou moins positive, je dis : « *Février...* [Pause...] *ou janvier.* » S'il réagit de manière hésitante ou avec un délai, je dis : « *Mars... ou février.* » Je nomme les mois dans l'ordre inverse car je me base sur mon intuition. Une plus grande hésitation désigne probablement le mois de mars, mais je couvre mes arrières en nommant aussi février.

Si je dis immédiatement « *En janvier* » et que je n'obtiens aucune réaction, j'observe le spectateur en annonçant janvier et je suis prêt à dire « *ou février* » un peu plus fort et de façon plus positive, presque comme si je n'avais pas terminé ma phrase. Je lui coupe la parole s'il commence à parler. Pendant qu'il confirme, je dis à voix haute : « *Oui, février, je le savais.* » C'est uniquement du jeu d'acteur mais je me comporte comme si je savais et que je confirmais simplement que j'avais deviné juste. Cette incertitude valide le processus. Il ne semble pas y avoir de « truc », car il n'y en a pas.

Et s'il dit non ou secoue la tête ?

L'observation est primordiale ici. Non seulement vous entendez ou voyez la réaction négative, mais vous devez aussi estimer le degré auquel le spectateur réfute votre affirmation.

Si vous dites « *fin de l'année* » et que le spectateur vous répond « *Non* » avec véhémence, vous devriez probablement commencer à l'autre extrémité de l'année.

Si vous obtenez une réaction négative moins forte (aspiration à travers les dents, tête penchant d'un côté à l'autre comme si le spectateur réfléchissait), alors vous savez que son mois de naissance est probablement entre la fin de l'année et le milieu de l'année. Vous pouvez alors continuer votre progression.

Autres exemples

Voici quelques exemples supplémentaires. Bien sûr, ici vous n'avez pas le rythme de la parole. Vous devrez vous référer aux notes précédentes et essayer d'imaginer le rythme de la discussion.

15 octobre

« *Concentrez-vous sur votre date anniversaire. Je vais dire que vous êtes né autour du milieu de l'année.*

- *Non.*

- *Pardon, je voulais dire le milieu du mois, mais plutôt vers la fin de l'année.*

- *Oui.* [Hésitant.]

- *Octobre.* [Je suis prêt à continuer : *"… ou septembre."*]

- *Oui.*

- *Je pense que je l'ai. Je vois que vous êtes né un 15 octobre. Quelle est votre date de naissance ?* »

9 février

« *Concentrez-vous sur votre date anniversaire. Je vais dire que vous êtes né vers le début de l'année.*

- *Oui.*

- *En mars…* [Pause, pas de réaction, ou il s'apprête à dire non.]… *ou février.*

- *Oui.*

- *Je pense que je l'ai. Je vois le 9 février. Quelle est votre date de naissance ?* »

8 mai

« *Concentrez-vous sur votre date anniversaire. Je vais dire que vous êtes né vers le début de l'année.*

- *Non. [Sans enthousiasme.]*

- *Désolé, je voulais dire vers le début du mois mais je pense que c'est plutôt vers le milieu de l'année.*

- *Oui.*

- *Mai… [Je suis prêt à ajouter : "ou avril."]*

- *Oui.*

- *Je pense que je l'ai. Je vois le 8 mai. Quelle est votre date de naissance ? »*

Et si le spectateur ne joue pas le jeu, ou essaye délibérément de me faire échouer ?

Pas de souci. Vous allez quand même deviner le jour correctement, et c'est votre but. L'astuce consiste à y arriver le plus vite possible. Voici un exemple, en imaginant que sa date anniversaire est le 25 novembre.

« *Concentrez-vous sur votre date anniversaire. Je vais dire que je pense que vous êtes né vers la fin de l'année.*

- *Je ne vous dirai pas.*

- *Je ne vous demande pas de me le dire, je vous demande de vous concentrer sur le jour du mois, et je pense qu'il s'agit du 25. Vous êtes né quel jour du mois ? »*

En fonction du public, je pourrais vous conseiller d'être joueur et d'essayer la réplique suivante : « *Je ne vous demande pas de me le dire, ce serait trop facile et ça ne serait pas de la lecture de pensée, n'est-ce pas Adam ? Si les gens me disaient toujours ce à quoi ils pensent, on pourrait tous rentrer chez nous plus tôt, mais ça ne serait pas un super spectacle, n'est-ce pas ? »*

Et s'il a l'air confus, ou incertain sur la façon de répondre ?

Cela veut généralement dire que vous êtes complètement à côté de la plaque mais qu'il ne sait pas à quel point il doit vous en informer. Imaginons que vous avez affirmé qu'il est né vers le début ou la fin de l'année et qu'il a l'air confus ; il y a de fortes chances qu'il soit en fait né autour du milieu de l'année. Je foncerais alors sur cette option, creuserais un peu, et j'abandonnerais si ça ne donne rien.

Et si ça commence à traîner en longueur ?

Lors de vos premières tentatives, vous aurez peut-être besoin de trois ou quatre affirmations. Si c'est le cas, ne vous inquiétez pas. Souvenez-vous que vous allez quand même finir par faire ce que vous aviez annoncé.

« Je ne perçois pas le mois, vous pouvez me le dire. Ah oui, novembre. Maintenant concentrez-vous juste sur le jour pour que je le trouve… Ah oui, je vais dire que vous êtes né le 14 novembre. Quelle est votre date anniversaire ? »

Vous verrez que votre instinct se développera avec le temps et avec l'entraînement. Vous améliorerez ainsi votre capacité à conclure la séquence en deux ou trois affirmations. D'une certaine façon, je suis arrivé à un stade où cela ressemble à de la vraie lecture de pensée, car c'est tellement proche d'une véritable divination. (Je ne suis pas en train de suggérer que j'ai rejoint la liste des mentalistes de la nouvelle vague qui ont soudainement décidé qu'ils avaient de vrais pouvoirs…) Je sais simplement que ma capacité à deviner la date de façon crédible s'est améliorée au fur et à mesure, au point où je devine juste 80% du temps ; 50% du temps, cela ressemble à de la vraie lecture de pensée. Je suis satisfait de ces statistiques. Cela m'évitera de vendre des séminaires à mille dollars, et de me faire tatouer.

Accessoires à peek

Si vous ne possédez pas (ou n'aimez pas) le *Thought transmitter*, vous pourriez utiliser n'importe quel accessoire à *peek*, voire un *peek* à partir d'un billet. Dans cet effet, la clé est la vitesse à laquelle j'obtiens l'information. Vous avez peut-être déjà l'accessoire parfait dans un de vos tiroirs. Voici quelques suggestions pour vous aider dans votre choix.

Portefeuilles à *peek*

De nombreux portefeuilles à *peek* requièrent d'être manipulés : vous devez les ouvrir, en sortir une carte, déplacer un *flap*, ou tenir le portefeuille à un angle spécifique, ou effectuer une action supplémentaire, avant d'accéder à l'information. Il n'y a rien de mal à ça, mais je trouve simplement que cela n'est pas assez rapide pour le contexte de mon effet.

Tous les portefeuilles utilisant le principe SUC (*Sight Unseen Case*) sont idéaux pour mon effet. Mark Strivings distribue à nouveau ce produit, cependant vous avez peut-être déjà ce qu'il faut. Plusieurs portefeuilles ont été autorisés à reprendre ce principe : l'excellent portefeuille *Stealth assassin* d'Alakazam, le portefeuille *Alpha*, l'*Undercover*, ou encore l'*Annihilation* de Paul Carnazzo. Ces portefeuilles fonctionnent sans manipuler l'accessoire ; il vous suffit de le retourner pour accéder à l'information tout en rangeant le portefeuille.

Clipboards

J'utilise le *Nomad pad*, qui a une feuille magnétisée pour dupliquer l'impression. Le *Parapad* et le *Psypher* utilisent une technologie similaire mais je ne les ai jamais testés. En réfléchissant un peu, vous pouvez rabattre la couverture du *Nomad pad* en faisant semblant de refermer le calepin. Cela se fait sans regarder vos mains, et vous obtenez ensuite un *peek* très rapide quand vous rangez le calepin.

L'excellent *X board* de Manny Lindenfeld permet la même chose.

Comme je le disais, tout accessoire est potentiellement utilisable mais, si vous l'utilisez comme je le fais, la vitesse est le critère principal qui guidera votre choix.

Visite du PATEO

Récemment, sur un forum de mentalistes professionnels, j'ai encore lu un message déclarant que le forçage PATEO[16] de Roy Baker n'avait pas sa place en mentalisme. Ce serait apparemment trop alambiqué pour être convaincant. Cependant, j'ai eu pas mal de succès avec et je l'utilise dans un effet impromptu illustrant mes propos.

Michael Weber a publié des idées excellentes sur cet outil, dans son chef d'œuvre *Life savers* et je vous encourage vivement à les étudier à nouveau ; si vous ne possédez pas ce livre, sachez que vous passez à côté de quelque chose d'important. Il y a tant à apprendre de ses idées subtiles, ainsi que sur une attitude où vous êtes « toujours prêt ».

Il existe deux types de magie (ou mentalisme) impromptue : l'impromptu préparé, et l'impromptu authentique. Les effets impromptus préparés sont en général plus forts.

Je vais partager avec vous une idée qui m'a beaucoup servie dans différentes situations. Elle combine plusieurs principes pour renforcer l'efficacité du forçage PATEO, et cela rend l'ensemble très puissant. L'effet de base consiste à emprunter quelques objets ; l'un d'eux est choisi et vous montrez que vous saviez lequel serait choisi, ou que vous avez été capable d'influencer le résultat.

Si vous n'êtes pas totalement familier avec le forçage PATEO, il existe des dizaines de sources d'informations à ce sujet. Vous devez savoir une chose : ce forçage est souvent décrit comme ne fonctionnant qu'avec une quantité impaire

---

[16] En anglais, PATEO est l'acronyme de *Point At Two, Eliminate One* (Pointer Deux Objets, en Eliminer Un). (NDT)

d'objets. En réalité, cela fonctionne avec n'importe quelle quantité ; c'est juste le début qui change. Comme vous ou le spectateur Pointe Deux Objets et l'autre en Élimine Un, il suffit de commencer par la bonne personne pour que le forçage fonctionne. Avec une quantité paire d'objets, c'est le spectateur qui commence par Pointer Deux Objets, et nous utilisons cela à notre avantage.

Prenez une petite feuille de gommettes colorées et gardez-la dans votre poche. Demandez au spectateur de trouver quelques objets et de les poser sur une table devant lui. La quantité ne semble pas importante mais vous vous arrangez pour qu'il y ait six objets. Pendant que le spectateur les rassemble progressivement, vous examinez les objets et vous les placez en rang sur la table. En même temps, vous avez volé une gommette dans votre poche et vous l'avez secrètement collée sous votre objet « cible », que vous placez en deuxième position à partir de la droite du spectateur. C'est beaucoup plus facile à faire qu'il y paraît. Les objets et le spectateur sont en mouvement, il y a de l'incertitude, des prises de décisions, votre texte de conditionnement… Bref, il y a largement de quoi couvrir vos actions. En général, je colle la gommette sous une montre.

Vous ignorez maintenant les objets et vous vous adressez directement au spectateur assis en face de vous. Regardez-le toujours droit dans les yeux pendant que vous posez la scène. Demandez-lui s'il est droitier ou gaucher. Quelle que soit sa réponse, demandez-lui de lever l'index droit en l'air puis de tourner sa main droite pour pointer vers le bas. Maintenez toujours le regard du spectateur quand vous lui donnez ces instructions, et mimez les actions pour lui expliquer ce que vous attendez de lui. Manipulez délicatement sa main pour qu'elle soit directement au-dessus de votre objet cible. Demandez-lui maintenant de toucher un des objets avec son index. Dans 80% des cas, il touchera votre objet cible.

Quand c'est le cas, dites-lui de garder son index immobile. Prenez les autres objets et retournez-les en les mettant à l'écart. Puis invitez le spectateur à retourner l'objet qu'il touche, pour révéler la gommette.

S'il ne touche pas l'objet cible, il vous reste encore deux chances. Demandez-lui de faire la même chose avec sa main gauche et de toucher un objet. Si cette fois l'objet cible est touché, éliminez simplement les quatre autres objets qui n'ont pas été touchés, pendant que le spectateur garde ses deux doigts immobiles.

« *Quand je claquerai des doigts, levez une de vos mains.* »

Vous faites donc une équivoque simple avec deux objets. Si le spectateur garde un doigt sur l'objet cible, il le retourne et révèle la gommette. Si le spectateur lève le doigt de l'objet cible, il le retourne et révèle la gommette.

Si le spectateur n'a pas touché l'objet cible avec son index gauche, vous êtes maintenant en position pour le forçage PATEO classique. Continuez normalement et vous concluez quand même de façon satisfaisante.

Il existe une autre possibilité, inspirée par une méthode classique habituellement attribuée à Deddy Corbuzier. Prenez une petite enveloppe. À l'intérieur, écrivez la prédiction suivante :

« *Ma gommette sera bleue, la vôtre sera rouge.* »

Invitez le spectateur à placer trois objets sur la table et vous faites de même. Posez l'enveloppe, puis un objet avec une gommette bleue collée secrètement dessous (par exemple, votre portefeuille), et un troisième objet inhabituel. Il est préférable qu'aucun objet ne ressemble aux autres. Volez une gommette rouge dans votre poche et gardez-la secrètement à l'extrémité de votre majeur droit. Cela vous permet de mimer les actions du spectateur pour les contrôler (comme décrit précédemment), et aussi de pointer l'index de chaque main sans révéler la gommette en main droite.

Une fois que le spectateur a terminé sa deuxième élimination, il reste deux objets et vous touchez les deux. L'objet avec la gommette bleue sera probablement sous votre index gauche. Prenez les deux objets et profitez-en pour appliquer secrètement la gommette rouge sous l'objet de la main droite. Confiez les deux objets au spectateur. Demandez-lui de réfléchir soigneusement puis de vous tendre un objet. (L'un de vous tiendra peut-être l'enveloppe et, d'une certaine façon, c'est l'une des sorties les plus impressionnantes.) Sortez la prédiction de l'enveloppe. Si vous avez l'objet bleu, c'est vous qui lisez la prédiction. Si le spectateur a l'objet bleu, c'est lui qui lit la prédiction.

Vous pouvez bien sûr placer la gommette bleue sur l'enveloppe. À vous de voir ; personnellement, je ne le fais pas. Essayez les deux approches et voyez ce qui vous convient.

DERNIÈRES RÉFLEXIONS

Voilà, c'était mon deuxième livre de mentalisme. Ce fut un voyage intéressant et, comme je le disais au tout début, il m'a fallu huit ans pour en arriver là. Ne vous attendez pas à ce que je sorte un autre livre immédiatement, car je profite encore des attractions mentales décrites ici, elles font toujours partie de mon répertoire. Ces effets sont en évolution constante et j'aime toujours autant les présenter.

L'année de la publication de la version anglophone de ce livre fut marquée par de nombreux évènements, à la fois personnels et professionnels. J'ai fait mon premier spectacle payant à l'âge de quinze ans, et ce livre est sorti l'année de mes cinquante ans, soit trente-cinq ans de magie professionnelle...

En ce qui concerne ce livre, l'évènement le plus marquant fut que, pour la première fois, je me suis produit sur scène avec un spectacle de quarante-cinq minutes composé uniquement de mes créations. Bien sûr, les thèmes sont connus et les techniques que je décris sont des hybrides ou des évolutions d'autres méthodes. Comme nous tous, je me tiens sur les épaules des géants. Cependant, ce soir-là, toutes les routines que j'ai présentées étaient mes propres inventions. Aucun accessoire distribué dans notre domaine ou acheté dans un magasin de magie, rien d'emprunté à une routine publiée et, encore mieux, rien de volé à des routines qui n'ont pas encore été publiées par leur créateur. Ce fut une satisfaction immense pour moi, comme si je portais un costume fait sur mesure. Cela m'allait comme un gant. Les effets m'étaient familiers, ils avaient atteint leur maturité et ils correspondaient tous parfaitement à mon style et à ma personnalité. Même si un effet a l'air génial quand vous voyez quelqu'un d'autre le faire, cela ne vous correspond jamais à 100% si vous le faites tel qu'il est décrit dans le livre ou le DVD. Vous aurez toujours besoin de le modifier et d'ajuster à votre personnage, vos capacités techniques, votre style de présentation, votre rythme, votre façon de parler, le type de salles où vous vous produisez, votre type de public, votre culture, votre mallette, et même la taille de vos mains.

J'aime le travail que j'ai fait sur les *book tests*, les routines de carré magique (que vous pouvez retrouver sur mon site), ma version de « Kurostuke » et mes variantes de « Sneak thief » de Larry Becker avec lesquelles j'ai joué au fil des années. J'ai travaillé dur pour m'approprier ce répertoire. Je suis convaincu qu'il n'y a pas de meilleure sensation que d'avoir une routine qui est vraiment la vôtre, du début jusqu'à la fin. C'est incroyablement satisfaisant.

Donc, en plus des effets que j'ai partagés ici et que j'espère sincèrement voir intégrer votre répertoire, je souhaite que mes digressions sur l'origine de chaque effet aient eu du sens pour vous aussi. L'effort que j'ai fait pour expliquer ma façon de penser a pour but de vous aider dans ce processus créatif, afin de vous aider à penser à votre façon de faire évoluer ces effets, en utilisant mes idées comme point de départ.

Merci de m'avoir fait confiance en achetant mon deuxième livre de mentalisme. J'espère vous retrouver quand j'en serai au troisième. Ce fut un travail de cœur et de passion pour moi, et je suis content de clore ce chapitre. Mon prochain projet d'écriture est déjà bien engagé, et cela n'a rien à voir avec la magie ou le mentalisme. Je suis excité à l'idée d'utiliser l'expérience que j'ai dans notre domaine et de l'appliquer à une communauté encore plus étendue. Souhaitez-moi bonne chance.

Sean Taylor

sean@seantaylor.com.au

+61 414 80 20 20

Printed in Great Britain
by Amazon

71779910R00173